TABLE
DES
EDITS, DECLARATIONS, ORDONNANCES, ARRESTS, ET REGLEMENS
CONCERNANT
LES FERMES ROYALES-UNIES;
Rendus pendant la seconde année du Bail de M.e NICOLAS DESBOVES,

Commencée le premier Octobre 1733. & finie le dernier Septembre 1734.

TOME VIII

A PARIS,
DE L'IMPRIMERIE ROYALE.

M. DCCXXXVI.

TABLE
DES
EDITS, DECLARATIONS,
ARRESTS ET REGLEMENS

RENDUS pendant la ſeconde année du Bail de Me NICOLAS DESBOVES,

Commencée le premier Octobre 1733. & finie le dernier Septembre 1734.

CONCERNANT les Cinq Groſſes Fermes, Domaines d'Occident, Tabac, Commerce & Manufactures.

Du 20. Octobre 1733.

* ARREST du Conſeil, portant reglement pour empeſcher les fraudes & abus qui ſe commettent à l'occaſion de la vente des Tabacs à diminution de prix, ſur les frontieres des provinces privilegiées.

Du 20. Octobre 1733.

Arrest du parlement de Dijon, qui ordonne l'execution de celuy de ladite Cour du 7. Aoust 1698. & en consequence, deffend au fermier des cinq grosses fermes, ses commis & préposez au bureau d'Auxonne, d'exiger des habitans de ladite ville, aucuns droits d'entrée sur les vins provenant de leurs vignes situées au Comté de Bourgogne, ni d'user de saisie ou autres empeschemens, à peine de nullité, cassation, de cinquante livres d'amende, & de tous despens, dommages & interests.

NOTA. Cet Arrest, ainsi que celuy y énoncé, sont abrogez par ceux du Conseil des 22. mars 1735. 3. janvier, & 28. fevrier 1736.

Du 23. Octobre 1733.

* Départemens de M.rs les fermiers generaux pour le service des fermes royales-unies, pendant la seconde année du bail de M.e Nicolas Desboves. Arresté à Fontainebleau par M. Orry Controlleur general des finances.

Du 27. Octobre 1733.

Arrest du Conseil, qui évoque & renvoye pardevant le Sieur de Pommereu Intendant & Commissaire déparți en la generalité d'Auch, les procedures commencées, tant en la jurisdiction des fermes à Nogaro, que celles faites par les Consuls de Barcelone en Armagnac, pour raison de menaces & excez commis par le nommé Darbé, dit du Cornet, residant à Aire, en la personne du Sieur Guilhou controlleur ambulant audit Armagnac, & autres faits mentionnez dans son procès-verbal du 11. aoust 1733. circonstances & dépendances; pour estre le tout par luy jugé souverainement & en dernier ressort, en appellant avec luy le nombre de graduez ou officiers requis par l'ordonnance.

Du 27. Octobre 1733.

Arrest du Conseil, qui confisque au profit de Nicolas Desboves adjudicataire des fermes generales-unies, cent quatre-vingt dix-sept aunes de toile peinte, saisies par les employez des fermes, sur les nommez Sebastien Rivoire & François Crozet colporteurs trouvez en campagne; les condamne solidairement chacun en deux cens livres d'amende & aux despens: & casse le jugement rendu par les officiers des traittes de Lyon, le 22. Aoust 1733. en ce qu'ils n'ont condamné lesdits Rivoire & Crozet ensemble, qu'en une seule amende de deux cens livres.

Du 31. Octobre 1733.

Arrest du Conseil, qui permet au Sieur Antoine Wailsh negociant à Saint Malo, ou à celuy qui commandera le navire la Nymphe, du port de deux cens tonneaux, qu'il destine pour les isles françoises de l'Amerique, de faire son retour dans celuy des ports du Royaume, pour lequel il sera fretté auxdites isles, & ce nonobstant la disposition de l'article II. des lettres patentes du mois d'avril 1717. auquel il est dérogé à cet égard.

Du 3. Novembre 1733.

* Reglement, portant establissement d'un Conseil pour juger les prises qui pourront estre faites sur les sujets de l'Empereur, tant par les vaisseaux du Roy, que par ceux de ses sujets, armez en course, *contenant quinze articles.*

NOTA. Les reglemens des 9. mars 1695. 23. juillet 1704. 12. fevrier 1719. & arrests du Conseil des 12. may & 20. juin 1702. 24. mars 1703. & 13. aoust 1707. rendus au sujet des prises faites en mer, & des droits d'entrée sur les marchandises en provenant, & des échoüemens, sont joints à la suite dudit Reglement.

Du 9. Novembre 1733.

* Ordonnance du Roy, portant deffenses de transporter aucuns grains, farines, ou legumes hors du royaume, à peine de confiscation & de cinq cens livres d'amende; comme aussi de faire aucun transport desdites denrées, en quelqu'endroit que ce puisse estre, à trois lieuës près des frontieres des pays estrangers, après le soleil couchant; & que les habitans de l'estenduë desdites trois lieuës seront tenus, sous les mesmes peines, de prendre des certificats des juges des lieux, pour le transport des grains dont ils auront besoin pour leur consommation.

Du 10. Novembre 1733.

Arrest du Conseil, qui déboute Jean Thomas, du lieu de Saint Felien de Guichols en Catalogne, patron de la barque espagnole nommée Saint-Antoine de Padouë, de l'appel par luy interjetté du jugement rendu par M. l'Intendant de Languedoc, du 11. fevrier 1732. portant confiscation d'Indiennes, & autres marchandises de contrebande, ensemble la barque sur laquelle elles se sont trouvées, le tout saisi par les employez des fermes au port de Cette, faute par ledit Thomas, d'avoir fait sa declaration dans les vingt-quatre heures de son arrivée dans le port, & d'avoir remis son manifeste au bureau des fermes; & l'a condamné en cinq cens livres d'amende, & aux dépens.

Du 10. Novembre 1733.

Arrest du Conseil, qui déboute Nicolas Desboves adjudicataire des fermes generales-unies, de sa demande en cassation de l'arrest de la cour des Aydes & Finances de Guyenne, du 31. janvier 1733. lequel a infirmé une sentence des elûs de Bordeaux, qui avoit prononcé la confiscation de quatre andoüilles de faux tabac, saisi sur le sieur André Berry

Capitaine du navire la Garonne de Bordeaux, venant de la Martinique.

Du 10. Novembre 1733.

Arrest du Conseil, qui, avant faire droit sur l'instance d'entre Nicolas Desboves adjudicataire des fermes generales-unies, & les négocians de la ville de Lyon, au sujet du tarif des droits de la doüanne de ladite ville, & de la prétention des négocians, de faire porter ou conduire chez eux les marchandises qu'ils retirent du bureau de la doüanne, par telles personnes qu'ils jugeront à propos, au préjudice des gagnes-deniers ordinaires establis dans ladite doüanne; renvoye les parties pardevant le Sieur Poulletier Intendant de la generalité de Lyon, lequel dressera procès-verbal de leurs dires, requisitions & pretentions respectives, pour, ledit procès-verbal vû & rapporté au Conseil avec l'avis dudit Sieur Intendant, estre ordonné ce qu'il appartiendra.

Du 17. Novembre 1733.

Arrest du Conseil, qui commet le Sieur de Pommereu Intendant de la generalité d'Auch, pour instruire & juger le procès aux auteurs & complices de la rebellion faite aux employez des fermes du Roy, le 21. octobre 1733. par les habitans de la paroisse de Cambo, au pays de Labour, à l'occasion de la capture que lesdits employez avoient faite du nommé Baptiste Prat, de la mesme paroisse, en vertu d'un decret décerné par les juges de Saint-Palais, pour fraude de tabac & contrebande.

Du 17. Novembre 1733.

* Arrest du Conseil, qui prescrit les formalitez à observer par les raffineurs de Bordeaux, la Rochelle, Roüen & Dieppe, pour joüir de la restitution des droits d'entrée sur les sucres par eux raffinez, provenant des sucres bruts des

isles & colonies françoises de l'Amerique, & qu'ils envoyeront à l'estranger tant par mer que par terre.

Du 17. Novembre 1733.

Arrest du Conseil, qui évoque & renvoye pardevant le Sieur de Pommereu Intendant & Commissaire départi en la generalité d'Auch, les procedures commencées par les officiers de la justice ordinaire d'Ustaritz, contre les employez de la ferme du tabac establie à Cambo, pour raison d'une rebellion à eux faite par les habitans dudit lieu, estant à la poursuite de deux fraudeurs chargez de faux tabac, ainsi que des autres faits mentionnez dans leurs procez-verbaux du 19. septembre 1733. icelles, circonstances & dépendances, pour estre le tout par luy jugé souverainement & en dernier ressort, en appellant avec luy le nombre de graduez requis par l'ordonnance.

Du 17. Novembre 1733.

* Arrest du Conseil, qui ordonne que les habitans du Bearn & du Pays-Basque, qui font le commerce des bestiaux, seront tenus de prendre des acquits à caution dans le lieu de l'enlevement, lesquels ne pourront estre deschargez que dans le lieu de la destination.

Du 24. Novembre 1733.

Arrest du Conseil, qui liquide à la somme de cinquante mille livres l'indemnité dûë à Pierre Carlier adjudicataire general des fermes, pour la non-joüissance des droits sur les huiles de poisson, provenant de la pesche françoise, & arrivées dans le royaume pendant la sixieme année du bail dudit Carlier, au profit duquel il sera expedié sur le garde du tresor royal en exercice, une ordonnance de comptant de ladite somme de cinquante mille livres, qui luy sera payée en une quitance comptable, sur & en déduction du prix de son bail.

Du premier Decembre 1733.

Arrest du Conseil, qui ordonne l'execution de la sentence du juge des traittes de Saint-Brieux, du premier juin 1733. qui convertit en la peine des galeres l'amende de mille livres prononcée par autre sentence des mesmes juges, le 22. decembre 1732. contre le nommé Jean Gicquel, dit Dufert, batelier détenu dans les prisons de la tournelle de Rennes, pour raison du versement de six cens livres de faux tabac sur la coste de Dahoüet; & casse l'arrest du parlement de Rennes, rendu le 2. septembre 1733. par lequel ledit Gicquel a esté eslargi des prisons, en consignant l'amende de mille livres contre luy prononcée, quoiqu'il n'eust pas dû estre admis à faire ladite consignation, aux termes des declarations de 1689. 1707. & 1721.

Du 4. Decembre 1733.

* Lettres patentes sur arrest du Conseil du 30. octobre 1731. qui permettent aux fermiers & sous-fermiers des droits des fermes du Roy, de se servir de tels huissiers & sergens royaux que bon leur semblera, mesme hors l'estenduë des jurisdictions où les huissiers ou sergens sont immatriculez; à l'exception néantmoins de ceux des justices seigneuriales, qui ne pourront faire de poursuites ailleurs que dans l'estenduë des justices où ils ont pouvoir d'exploiter, & à la reserve des procedures qui seront faites de procureur à procureur, nonobstant la declaration du premier mars 1730. & les edits & declarations qui peuvent avoir esté rendus en faveur des huissiers priseurs & vendeurs de meubles, & autres huissiers, auxquels il est dérogé pour ce regard seulement; Sa Majesté validant, en tant que besoin est ou seroit, les poursuites qui ont esté faites en conformité desdits arrest & lettres patentes.

Registrées au parlement de Bretagne le 30. Janvier 1734.

En la cour des Aydes de Clermont-Ferrand, le premier fevrier 1734.

En la cour des Comptes, Aydes & Finances de Montpellier, le 6. fevrier 1734.

En la cour des Comptes, Aydes & Finances de Provence, à Aix le 8. fevrier 1734.

Au Conseil souverain de Rouſſillon, le 9. fevrier 1734.

En la cour des Aydes & Finances de Montauban, le 10. fevrier 1734.

En la cour des Aydes de Bordeaux, le 10. fevrier 1734.

Au parlement de Grenoble, le 11. fevrier 1734.

Aux parlement & cour des Aydes de Dijon, le 12. fevrier 1734.

Au parlement de Pau, le 20. fevrier 1734.

Au parlement de Metz, le 22. fevrier 1734.

Des 8. Decembre 1733. & 4. Janvier 1734.

Arreſt du Conſeil & lettres patentes, qui ordonnent la levée & perception, au profit de M. de Brancas & de ſa compagnie, d'un droit de ſept livres dix ſols par pipe de ſel qui ſera déchargé dans le port, ou qui paſſera devant la ville de Libourne, pour remonter la Dordogne; laquelle perception doit avoir lieu juſqu'à ce que M. de Brancas & ſa compagnie ſoient rembourſez de la ſomme de trois cens mille livres, à laquelle a eſté liquidée l'indemnité par eux prétenduë, pour les ouvrages & travaux par eux faits pour rendre la riviere de Dordogne flottable & navigable.

Du 8. Decembre 1733.

Arreſt du Conſeil, qui ordonne que M. le Procureur general en la cour des Comptes, Aydes & Finances de Montpellier envoyera à M. le Controlleur general des finances, les motifs de l'arreſt de ladite Cour, du 30. ſeptembre 1733. par lequel il eſt ordonné à Me Nicolas Deſboves adjudicataire

adjudicataire des fermes generales-unies, de mettre dans huitaine, sur la porte du bureau establi à Agde, un tableau ou inscription, contenant en general les droits qui s'y perçoivent, &, dans un lieu apparent dudit bureau, un ou plusieurs tableaux, contenant un tarif exact par lettre alphabetique, de tous les droits qui s'y exigent, &c. pour, lesdits motifs vûs & examinez, estre par Sa Majesté ordonné ce qu'il appartiendra, toutes choses jusqu'à ce demeurant en estat.

Du 8. Decembre 1733.

Arrest du Conseil, qui ordonne que par le Sieur Chauvelin Intendant & Commissaire départi en la generalité d'Amiens, il sera procedé à l'adjudication au rabais, en la maniere accoustumée, des réparations à faire à la maison servant de bureau des traittes à Peronne, suivant & conformement aux devis qui en ont esté dressez le 13. aoust 1733. du prix desquels ouvrages l'entrepreneur sera payé sur les ordonnances dudit Sieur Commissaire départi, par M.e Nicolas Desboves adjudicataire des fermes generales-unies, auquel il en sera tenu compte sur le prix de son bail, en rapportant l'expedition, ou copie collationnée dudit arrest, les devis estimatifs, les procez-verbaux d'adjudication, & reception desdits ouvrages, les ordonnances dudit sieur Intendant, & les quittances des entrepreneurs.

Du 8. Decembre 1733.

Arrest du Conseil, pour faire expedier au profit de Pierre Carlier adjudicataire des fermes generales, une ordonnance de comptant sur le garde du tresor royal, de la somme de trois mille huit cens quatre-vingt-seize livres onze deniers, par luy avancée pour reparations faites à la maison servant de bureau du tabac, rue du Bouloir à Paris, laquelle somme luy sera payée en une quitance comptable, sur & en déduction du prix de son bail.

Du 8. Decembre 1733.

Arrest du Conseil, portant que les paroisses de Magné, Sansay, Saint-Georges de-Rex, Frontenay surnommé Rohan, le grand Saint-Sephorien, Crepé, la Revetison, Granzay & le Bourdet, ensemble les villages dépendant desdites paroisses, qui sont de la province de Saintonge, reputée estrangere, seront à l'avenir reputées faire partie de la province de Poitou, quant aux droits des cinq grosses fermes seulement; & en consequence, ordonne que les marchandises & denrées qui sortiront de la ville de Niort, pour estre transportées dans lesdites paroisses, ensemble celles que les habitans desdites paroisses envoyeront dans ladite ville de Niort, seront exemptes de tous droits d'entrée & de sortie; le tout en observant les formalitez prescrites par ledit arrest.

Du 22. Decembre 1733.

Arrest du Conseil, qui décharge Noël-Antoine de Merou entrepreneur de la manufacture de tapisserie, establie en la ville de Beauvais, de l'entretien & de la suite du privilege de ladite manufacture, à luy accordé par arrest du 15. juillet 1722. & lettres patentes du 10. fevrier 1723. le condamne à payer à Sa Majesté, entre les mains du receveur general des fermes à Paris, la somme de quatre-vingt-dix-huit mille livres, dont ledit de Merou est redevable envers Sa Majesté, à cause des prests à luy faits pour le soustien de ladite manufacture.

Du 22. Decembre 1733.

Arrest du Conseil, qui y évoque les contestations pendantes, tant aux requestes du palais à Bordeaux, que devant le sieur de Tourny Intendant de Limoges, entre les sieurs Renaudin tresorier de France à Limoges, Touzac receveur des tailles de ladite election, le sieur de Beaupré proprietaire de la maison où est actuellement le bureau general du tabac, & le directeur des fermes; pour raison de ladite maison loüée audit sieur Touzac, attendu que ledit sieur Renaudin qui a acquis celle actuellement occupée par ledit Sieur Touzac, veut y aller demeurer.

Du 22. Decembre 1733.

Arrest contradictoire du Conseil, qui casse & annulle une sentence du juge des traittes de la Rochelle, du 7. mars 1733, en ce qu'elle ordonne la delivrance aux sieurs Charrier, Richard & consorts, de vingt-six barils de harengs saurs, qui leur estoient venus par la voye de Hollande, en faisant leur soûmission de payer les droits, si aucuns estoient dûs; déboute lesdits sieurs Richard, Charrier & consorts, de leurs demandes & prétentions, tendantes à ne payer lesdits droits qu'à raison de sept livres dix sols trois deniers du leth, au lieu de quatre-vingt livres demandées par le fermier, comme harengs saurez en Angleterre, n'estant pas justifié qu'ils fussent de pesche hollandoise; & cependant ordonne, par grace, & sans tirer à consequence, que lesdits vingt-six barils de harengs saurs seront rendus & restituez, ou le prix de la vente, à la charge de payer vingt-une livres pour les droits dûs sur lesdits vingt-six barils de harengs.

NOTA. Que les vingt-une livres ordonné estre payées, ne sont ni les droits du tarif de 1664. ni ceux de l'arrest du 6. septembre 1701. & que le Conseil n'a ordonné le payement de cette somme que par grace.

Du 22. Decembre 1733.

Arrest du Conseil, qui évoque & renvoye pardevant le sieur de Lesseville Commissaire départi en la generalité de Tours, la connoissance de la fraude de tabac commise par le nommé le Sourd garçon marchand à Angers, lequel a esté eslargi des prisons trois heures après sa détention, en vertu d'une ordonnance du president de l'election de ladite ville d'Angers, circonstances & dépendances, pour estre le tout par luy jugé souverainement & en dernier ressort, en appellant avec luy le nombre de graduez requis par l'ordonnance.

Du 22. Decembre 1733.

Arrest du Conseil, qui déboute les sieurs Roquejoffre & Goudal negocians à Bordeaux, de leur opposition à celuy du 14. mars precedent, par lequel, en cassant une sentence du juge des fermes de ladite ville, du 2. desdits mois & an, a prononcé la confiscation de cent cinquante barils de harengs saurez en Angleterre, amenez par la voye de Hollande, & par grace a fait remise de ladite confiscation, & de l'amende de trois mille livres par eux encouruë, en payant les droits d'entrée des cent cinquante barils, à raison de quatre-vingt livres le leth; & par nouvelle grace, & sans tirer à consequence, ordonne que lesdits sieurs Roquejoffre & Goudal ne payeront que la somme de cent vingt livres, pour tenir lieu des droits sur lesdits cent cinquante barils de harengs.

NOTA. Que les cent vingt livres ordonné estre payées, ne sont ni les droits dûs à Bordeaux, ni ceux de l'arrest du 6. septembre 1701. & que le Conseil n'a ordonné le payement de cette somme que par grace.

Du mois de Janvier 1734.

* Edit du Roy, *registré en Parlement le 3. mars 1734.* qui confirme les Chevaliers de l'Ordre du Saint Esprit dans leurs anciens privileges, & particulierement dans l'exemption du dixieme, en payant la somme d'un million; & création de deux offices de tresoriers generaux du marc d'or, & de deux controlleurs desdits tresoriers, *contenant huit articles.*

Du 2. Janvier 1734.

* Arrest du Conseil, portant que les fabriquans de la ville & territoire de Marseille, seront tenus de mettre leur nom & surnom sur chaque piece d'étoffes & de toiles qu'ils fabriqueront, avec un plomb à chaque bout, qui en contiendra

l'aunage; & ordonne que lesdites étoffes & toiles qui se trouveront sans marques ni plombs de fabrique, lors des visites qui en seront faites dans les bureaux des fermes, seront confisquées, & les conducteurs condamnez en trois mille livres d'amende.

Du 12. Janvier 1734.

* Ordonnance du Roy, qui prescrit ce qui doit estre observé par les capitaines, maistres, ou patrons & pilotes, pour joüir de l'exemption de l'ordre & de la discipline des classes.

Du 12. Janvier 1734.

Lettres patentes, qui érigent en manufacture royale, en faveur de Charles Pascal, la manufacture de draps fins pour le Levant, l'Italie & autres pays estrangers, establie à Montoulieu, diocèse de Carcassone en Languedoc, aux mesmes exemptions, privileges, droits & avantages dont joüissent les autres manufactures royales de draperies, establies dans ladite province.

Du 15. Janvier 1734.

* Ordre & instruction, qui prescrit le travail du controlleur ambulant, & des commis par ville du département de Paris, pour l'exercice de leurs fonctions en ce qui concerne la suite des debitans, & les visites & recherches des faux tabacs.

Du 16. Janvier 1734.

* Arrest du Conseil, qui prescrit les formalitez qui doivent estre observées pour l'entrée dans le royaume, des harengs saurs qui seront apportez sur des bastimens Hollandois, comme provenant des pesches faites, & saurez en Hollande; *contenant sept articles.*

Du 19. Janvier 1734.

* Arrest du Conseil, concernant l'embarquement & le débarquement des matelots dans les ports du royaume, & dans les pays estrangers; deffend à tous maistres, capitaines ou patrons, de donner aucuns à-comptes sur les gages desdits matelots, soit dans le royaume, soit dans les pays estrangers, sans le consentement des officiers des classes, ou des consuls; & que leurs gages ou loyers leur seront payez dans les ports où ils auront équipé les navires qu'ils commanderont.

Du 19. Janvier 1734.

Arrest du Conseil, qui modere à quinze deniers par raziere du poids de 144. livres 6. onces, les droits de sortie sur les grains que les marchands & negocians du port de Saint-Vallery-sur-Somme feront transporter à Marseille & à Genes, sur les passeports qui leur seront expediez par le sieur Intendant & Commissaire départi dans la province de Picardie & d'Artois; & à la charge par ceux qui feront les envois, de faire leurs declarations au bureau de sortie, de la quantité & qualité des grains avant les chargemens, pour estre lesdits droits payez, le tout à peine de confiscation & de mille livres d'amende.

Du 19. Janvier 1734.

Arrest du Conseil, qui casse & annulle celuy de la cour des Comptes, Aydes & Finances de Roüen, du 19. juin 1733. en ce qu'il a reçû M. le Procureur general appellant d'une sentence de l'election de Vire, du 15. septembre 1731. & ordonné l'élargissement des nommez Jean Simon & Jean Villain, ayant pris les noms d'Yvon le Gascque & Jean Jeanne, condamnez chacun en mille livres d'amende par ladite sentence, pour avoir esté arrestez avec du faux tabac, lesquels avoient aussi appellé de la mesme sentence, quoy-qu'ils n'eussent pas consigné l'amende conformement aux reglemens.

Du 26. Janvier 1734.

* Arrest du Conseil, qui proroge pour trois ans, à compter du premier Janvier 1734. la perception d'un demi pour cent, sur les marchandises venant des isles & colonies françoises de l'Amerique.

Des 12. May 1733. & 26. Janvier 1734.

* Arrests du Conseil, qui ordonnent que les droits de peage, establis au profit du Roy sur le pont provisionnel de Mantes, seront payez suivant le tarif annexé audit arrest, par toutes sortes de personnes, de quelque qualité & condition qu'elles soient, exemptes & non exemptes, à peine de desobéissance, & d'estre extraordinairement procedé contr'eux, en cas de rebellion; à l'exception néantmoins des officiers & archers des mareschaussées, & des commis des fermes du Roy, qui en seront & demeureront exempts & deschargez.

Du 30. Janvier 1734.

* Arrest du Conseil, rendu en interpretation de celuy du 30. Juin 1733. qui regle la maniere dont les draps & autres étoffes de laine, ou meslées de laine, soye, poil, fil, coton & autres matieres, doivent estre marquées, & plombées; *contenant sept articles.*

Du 2. Fevrier 1734.

* Arrest du Conseil & lettres patentes sur iceluy, portant reglement pour le *transit* des sucres provenant des isles françoises, & raffinez à Bordeaux; *contenant dix articles. Registrées aux cours des Aydes de Paris & Montpellier, le*

27. mars; en celle de Bordeaux, le 31. en celle de Montauban, le 8. avril; au parlement de Dijon, le 5. may; au parlement de Grenoble, les 3. & 4. Juin; & à la cour des Aydes de Clermont-Ferrand, le 3. septembre 1734.

Du 2. Fevrier 1734.

* Arrest du Conseil, qui reçoit les Chartreux de la grande Chartreuse opposans au reglement des sieurs Commissaires de la réformation des bois de la province du Dauphiné, du 15. octobre 1731. les maintient dans les privileges qui leur ont esté cy-devant accordez, de joüir de leurs bois en bons peres de famille; prescrit ce qui doit estre observé pour la conservation & la coupe, tant des bois qui leur appartiennent en propre, que de ceux dont ils joüissent en commun, ou par usage avec les habitans des paroisses & communautez; & deffend auxdits Chartreux, de faire sortir leurs bois hors du royaume sans permission.

Du 2. Fevrier 1734.

* Ordonnance du Roy, portant que tous les soldats de milice, gardes-coste de la capitainerie du Treport, seront tenus de déposer leurs fusils chez les syndics de leurs paroisses, afin d'éviter l'abus que commettoient lesdits soldats, en tirant sur les pigeons & sur le gibier des seigneurs.

Du 9. Fevrier 1734.

* Arrest du Conseil, qui ordonne qu'à l'avenir il sera procedé tous les ans, depuis le premier jusqu'au 10. decembre, à l'election de nouveaux gardes jurez des fabriquans & des marchands, dans toutes les villes & lieux du royaume, dans lesquels il y a des bureaux de fabrique & de controlle establis, pour entrer en exercice au 2. janvier de l'année suivante; & que la date de l'année de l'exercice desdits gardes jurez, sera gravée sur les plombs de fabrique & de controlle qui doivent

estre

estre appliquez sur les étoffes qu'ils auront visitées; à l'effet de quoy chacun d'eux aura son coin ou marque particuliere, sur laquelle la premiere lettre de son nom & son surnom en entier seront gravez au-dessous de la date de l'année d'exercice; *contenant sept articles.*

Du 10. Fevrier 1734.

* Ordonnance du Roy, qui accorde aux Capitaines des cinquante compagnies franches de la marine, vingt livres pour l'engagement de chaque soldat de nouvelle levée ordonnée estre faite par ordonnance du 14. decembre 1733. & qu'il sera passé aux Capitaines, dont les compagnies seront complettes au premier mars, trois mois de paye pour chacun desdits soldats, outre & par-dessus les vingt livres portées par ladite ordonnance.

Du 12. Fevrier 1734.

* Arrest contradictoire de la cour des Aydes, confirmatif d'une sentence des juges des traittes de Joinville, du 29. avril 1733. portant confiscation, avec amende & despens, de trente-six muids de vin, saisis sur Pierre Mollerat fermier de la forge de Moutiers-sur-Saulx, le premier decembre 1732. & qu'il avoit entreposez dans une maison à luy appartenant, au village de Thonnance, distant de trois lieuës dudit Moutiers-sur-Saulx, & de cinq quarts de lieuë de Lusinville, village partie de Lorraine, & partie de France, contre la disposition de l'article VII. du titre IX. de l'ordonnance de 1687. arrest du Conseil du 4. aoust 1722. & lettres patentes sur iceluy, du 14. dudit mois d'aoust.

Du 16. Fevrier 1734.

* Arrest du Conseil, portant que les savons du crû & fabrique de Marseille, qui seront apportez dans les ports du royaume, sur des vaisseaux qui auront relasché dans quelques-

uns des ports d'Espagne, ne payeront les droits d'entrée, qu'à raison de trente sols du cent pesant, conformement au tarif de 1664.

Du 16. Fevrier 1734.

* Ordonnance du Roy, portant deffenses aux Capitaines des bastimens qui vont faire la pesche aux costes de l'isle de Terre-neuve, & autres embarquez sur lesdits bastimens, de traiter aucunes armes, munitions, ni ferremens avec les sauvages esquimaux, à peine de cent livres d'amende, &c.

Du 18. Fevrier 1734.

* Ordonnance de M. le Lieutenant general de police de la ville de Paris, qui fait deffenses à tous particuliers de ladite ville & fauxbourgs, qui ont des croisils, ou pourront en avoir par la suite, provenant de bouteilles cassées, & autres ouvrages de verrerie, de les transporter, ou faire transporter, vendre & debiter ailleurs qu'en la manufacture royale de Sevres, & d'exiger plus haut prix que la somme de neuf livres pour chaque millier desdits croisils, rendu en ladite verrerie, à peine de confiscation d'iceux, & de dix livres d'amende.

Du 23. Fevrier 1734.

Arrest du Conseil, qui ordonne l'acquisition au profit de Sa Majesté, d'un terrein pour la construction d'un corps-de-garde, au poste nommé le fief d'Ars en l'isle de Ré, à l'effet d'y loger la brigade d'employez qui y est establie; & qu'il sera procedé à l'adjudication au rabais & moins disant, des ouvrages à faire pour la construction dudit corps-de-garde : le prix de laquelle acquisition, ainsi que celuy de l'adjudication des ouvrages à faire pour ladite construction, seront avancez par le fermier, auquel il en sera tenu compte sur le prix de son bail.

Du 23. Fevrier 1734.

Arrest du Conseil, qui confisque plusieurs parties d'étoffes des Indes, de la Chine & du Levant, toiles peintes & autres marchandises de contrebande, saisies dans une chambre, ruë de la Fromagerie, servant d'entrepost au nommé Lacroix, dit Buquet ou Dufaux, contrebandier, dont partie desdites marchandises a esté reclamée par le nommé Oullery marchand à Paris, sur le faux prétexte qu'elles estoient fabrique de France ; condamne ledit Buquet en deux cens livres d'amende, & ledit Oullery en trois mille livres, & en tous les frais faits à l'occasion de ladite saisie, chacun en ce qui les concerne.

Du 23. Fevrier 1734.

Arrest du Conseil, qui permet au sieur Frostin, ou à celuy qui commandera le vaisseau la Sainte Catherine de Saint-Malo, du port de cent soixante tonneaux, destiné pour les isles françoises de l'Amerique, de faire son retour à son choix, dans celuy des ports de la Rochelle, de Bordeaux, ou du Havre de Grace, qu'il trouvera à propos, & ce nonobstant la disposition de l'article II. des lettres patentes du mois d'avril 1717. auquel Sa Majesté a dérogé pour cet égard seulement, & sans tirer à consequence.

Du 28. Fevrier 1734.

* Ordonnance du Roy, pour donner des gratifications aux Capitaines des compagnies franches de la marine, à proportion que leurs compagnies seront plus ou moins complettes ; *contenant quatre articles.*

Du 2. Mars 1734.

Arrest du Conseil, qui ordonne que les tapisseries & autres effets appartenant au sieur de Merou, cy-devant entrepreneur de la manufacture de tapisseries establie en la ville de Beauvais, estimez à soixante-dix-neuf mille huit cens quatre-vingt-dix-neuf livres, seront pris pour ladite somme, sur & en déduction de celle de quatre-vingt-dix-huit mille livres dûë à Sa Majesté par ledit de Merou: comme aussi que le dessein des chasses du sieur Oudry, sera pris pour la somme de quatre cens livres, sur & en déduction de ladite somme de quatre-vingt-dix-huit mille livres. Ordonne que ledit de Merou sera tenu de remettre au sieur Pigné controlleur des bons d'estats du Conseil, ses quittances à la descharge de Sa Majesté, de la somme de quatre mille neuf cens cinquante livres; & à l'égard du surplus, montant à douze mille sept cens cinquante-une livres, pour parfaire ladite somme de quatre-vingt-dix-huit mille livres, ordonne que ledit de Merou sera contraint par toutes voyes, de le payer, conformement à l'arrest du 22. decembre 1733.

Du 3. Mars 1734.

* Jugement souverain, rendu par M. Herault Conseiller d'Estat, Lieutenant general de police de la ville, prevosté & vicomté de Paris, & Commissaire en cette partie.

Qui condamne à la peine de mort plusieurs contrebandiers, pour avoir introduit dans le royaume, à port d'armes, quarante huit ballots de toiles peintes, étoffes des Indes, & autres marchandises prohibées, & pour la rebellion par eux faite aux employez des fermes; & confisque lesdites marchandises, armes & équipages sur eux saisis.

Du 11. Mars. 1734.

* Articles convenus & accordez entre Sa Sainteté & le Roy, pour le restablissement du commerce entre les habitans de la ville d'Avignon & du Comtat-Venaissin, & les sujets de Sa Majesté; *contenant treize articles.*

Du 16. Mars 1734.

Arrest du Conseil, qui ordonne l'adjudication au rabais, des ouvrages à faire au pont-levis & barriere du poste de Sailly-Laurette, au bureau des Trois-cornets, & au corps-de-garde du Pont-Thierry, sur le chemin de Calais à Gravelines; du prix desquels ouvrages les ouvriers seront payez par le fermier, auquel il en sera tenu compte sur le prix de son bail.

Du 16. Mars 1734.

Arrest du Conseil, qui accorde au sieur de Merou, cy-devant entrepreneur de la manufacture des tapisseries de Beauvais, un delay de deux années pour le payement d'une somme de douze mille sept cens cinquante-une livres, par luy dûë de reste au Roy, sur celle de quatre-vingt-dix-huit mille livres à luy avancée pour le soûtien de ladite manufacture.

Du 16. Mars 1734.

Arrest du Conseil, qui évoque & renvoye pardevant le sieur Colleau Lieutenant criminel de Melun, & commissaire du Conseil en cette partie, suivant les arrests des 31. mars & 21. juillet 1733. les procedures faites, tant par luy que par le sieur Commissaire député par ordonnance du parlement de Grenoble, du 29. janvier 1734. contre le nommé Jean Comblefaut cy-devant concierge de la Tour de crest, & la nommée Laurence Canon sa petite-fille, pour raison de l'évasion du nommé Catinon, dit la Riviere, fameux contrebandier, qui estoit renfermé dans ladite tour, accusé d'attroupement avec port d'armes, & d'assassinat; pour estre le tout jugé souverainement & en dernier ressort par ledit sieur Colleau.

Du 16. Mars 1734.

* Arrest du Conseil, portant que jusqu'à ce qu'il en soit autrement ordonné, les marchandises & denrées qui entreront de la Provence ou du Dauphiné, dans le comté du Sault, ou qui viendront du comté du Sault, dans l'une de ces deux provinces, seront exemptes du droit de la traitte domaniale, auquel elles avoient esté assujetties par l'arrest du 23. decembre 1732.

Du 16. Mars 1734.

* Arrest du Conseil, concernant les privileges des habitans de la ville d'Avignon & du Comtat-Venaissin, en ce qui concerne les droits des cinq grosses fermes; *contenant neuf articles.*

Du 20. Mars 1734.

* Arrest du Conseil, par lequel Sa Majesté, en interpretant celuy du 17. mars 1733. portant reglement sur les marchandises en pacotilles qui sont portées dans les echelles du Levant sur des bastimens françois, réduit à six pour cent la retenuë qui avoit esté fixée à quatorze pour cent par ledit arrest du 17. mars 1733. lesquels six pour cent seront retenus par la nation françoise establie dans les echelles, qui se chargera des marchandises en pacotilles qui y seront portées; & consistent, sçavoir, à quatre pour cent au-dessous du prix commun que lesdites marchandises se vendent dans l'echelle où elles seront portées par les capitaines, maistres ou patrons, subrecargues & passagers; & deux pour cent au-dessus de la valeur qu'auront produit lesdites marchandises, soit en argent ou en marchandises du pays, au choix des proprietaires des pacotilles.

Du 23. Mars 1734.

Arrest du Conseil, qui subroge le sieur Besnier, ancien

eschevin de la ville de Paris, au lieu & place du sieur de Merou, pour l'exploitation de la manufacture royale de tapisseries, establie à Beauvais, pendant vingt années, à commencer du premier Janvier 1734. aux privileges & exemptions, charges & conditions mentionnées audit arrest; *contenant vingt-un articles.*

Du 23. Mars 1734.

Arrest du Conseil, qui ordonne l'adjudication au rabais; des ouvrages à faire pour la construction d'un bureau sur le bord du canal du Grau d'Aiguemortes, vis-à-vis la grande barraque des entrepreneurs; du prix desquels ouvrages les entrepreneurs seront payez par le fermier, auquel il en sera tenu compte sur le prix de son bail.

Du 23. Mars 1734.

* Arrest du Conseil, qui exempte de tous droits à l'entrée du royaume, les lins de toute qualité, crûs, en masse, & non façonnez; & regle à trente sols du cent pesant, les droits d'entrée sur toute sorte de lin fin & commun, peigné ou façonné, sans distinction de qualité.

Du 23. Mars 1734.

Arrest du Conseil, qui accepte les offres des sieurs Bernier, Bettancourt & Fromageau, pour l'execution de l'adjudication à eux faite le 17. decembre 1733. de la construction d'un bastiment pour une nouvelle manufacture de tabac dans la ville de Dieppe.

Du 23. Mars 1734.

* Arrest du Conseil, qui ordonne que l'un des inspecteurs des manufactures de toiles de la generalité de Roüen, & le commis préposé à la marque des toiles au bureau de Bolbec, seront tenus de se transporter une fois par mois dans les

blanchisseries ou curanderies establies à Torcy-le-grand & à Torcy-le-petit, pour y visiter & marquer les toiles qui y auront esté apportées pour estre blanchies; & que les marchands, fabriquans & blanchisseurs ou curandiers, establis dans les autres lieux du pays de Caux, seront tenus de porter leurs toiles destinées à estre blanchies, au bureau de Bolbec, pour les y faire marquer, à l'exception de ceux de Saint-Suëns, d'Imbleville & d'Auffy, qui pourront les porter, soit au bureau de Bolbec, ou à celuy de Roüen, pour y estre visitées & marquées.

Du 30. Mars 1734.

* Arrest du Conseil, qui ordonne que les draps appellez Lodeve, façon de Lodeve, ou petits Lodeve, qui se fabriquent dans le Languedoc, le Dauphiné & la generalité de Montauban, auront, au retour du foulon, & après avoir reçû les derniers apprests, une aune de large, y compris les lisieres, à peine de confiscation, & de deux cens livres d'amende.

Du 31. Mars 1734.

* Bail fait à François Cornelli, de la ferme generale du tabac dans la ville d'Avignon & Comtat-Venaissin, pendant huit années & six mois, à commencer du premier avril 1734. pour finir au dernier septembre 1742. le tout aux prix, charges, clauses & conditions y portées.

Du 31. Mars 1734.

* Ordonnance de la Légation d'Avignon, portant reglement pour l'exploitation de la ferme du tabac, & la deffense de peindre, vendre & debiter aucunes toiles peintes, &c. *contenant vingt-cinq articles.*

Du 6. Avril 1734.

Arrest du Conseil, qui ordonne que le Procureur general en la en la cour des Comptes & cour des Aydes de Roüen, envoyera au sieur Controlleur general des finances, les motifs de l'arrest de ladite Cour, du 5. fevrier 1734. par lequel, en confirmant une sentence des elûs d'Avranches, du 19. septembre 1733. qui avoit annullé un procès-verbal de saisie de faux tabac, faite sur le nommé François Chauvet, par les employez de la brigade de Pont-Gilbert, a condamné le fermier en douze livres d'amende & aux despens, sur le fondement que l'acte d'affirmation mis au pied de l'original du procès-verbal, n'estoit point sur la copie déposée au greffe; pour, lesdits motifs vûs & examinez, estre par Sa Majesté ordonné ce qu'il appartiendra, toutes choses jusqu'à ce demeurant en estat.

Du 6. Avril 1734.

Arrest du Conseil, qui déboute le syndic general du royaume de Navarre, de ses requestes, tendantes à ce que les habitans dudit royaume soient exempts des droits sur les huiles; & ordonne qu'ils les payeront conformement à la declaration du 21. mars 1716.

Du 7. Avril 1734.

* Jugement rendu par M. Herault Lieutenant general de police, & M.rs les gens tenans le siege presidial au chastelet de Paris, qui condamne Louis Torion à estre attaché au carcan, & en cinq ans de bannissement; & Marie-Louise de Saint-Severe, dite Paris, aussi en cinq ans de bannissement, pour avoir faussement dénoncé Catherine-Therese Meusnier, comme faisant commerce de tabac de contrebande.

Du 10. Avril 1734.

* Arrest du Conseil, qui ordonne que les dentelles venant des pays de la domination de l'Empereur, ne payeront aux bureaux d'entrée de la Flandre & du Hainault françois, que

vingt livres de la livre pesant; dérogeant pour cet effet à la disposition de l'arrest du Conseil du 17. mars 1733. qui sera au surplus executé selon sa forme & teneur.

Des 13. Avril & 4. May 1734.

Arrest du Conseil & lettres patentes, qui évoquent au Conseil, tant l'opposition formée à la cour des Aydes de Bordeaux par les marchands & negocians en sel de la ville de Libourne, à l'enregistrement des lettres patentes du 4. janvier 1734. sur arrest du 8. decembre 1733. qui ordonnent la levée au profit de M. le Marquis de Brancas & de sa compagnie, de sept livres dix sols pour pipe de sel qui sera deschargé, ou qui passera devant la ville de Libourne, & tout ce qui peut s'en estre ensuivi, que toutes autres oppositions faites & à faire pour raison de ce; & ordonnent qu'il sera passé outre à l'enregistrement desdites lettres patentes du 4. janvier 1734.

Du 13. Avril 1734.

Arrest du Conseil, qui casse celuy de la cour des Aydes de Montauban, du 11. janvier 1734. par lequel ladite Cour a renvoyé aux officiers de l'election, la connoissance d'une saisie d'huiles, faite sur le nommé Gerard Falquié, dit Landrion, voiturier de Saint Nicolas-de-la-Grane, generalité d'Ausch, par les employez de la brigade des fermes à Moissac, faute de payement des droits; renvoye la connoissance de ladite saisie pardevant le sieur Intendant de la generalité de Montauban, pour estre par luy jugée conformement à l'arrest du Conseil du 24. avril 1722. qui attribuë aux sieurs Intendans la connoissance des contestations concernant la regie de la ferme des huiles: & fait deffenses aux parties de se pourvoir & proceder ailleurs que pardevant ledit sieur Intendant; & à toutes cours, jurisdictions & autres juges, d'en connoistre, a peine de nullité, cassation de procedures, & de tous despens, dommages & interests.

Du 13. Avril 1734.

Arrest du Conseil, qui renouvelle en faveur du sieur Jean de Julienne, ses hoirs & ayant cause, le privilege de la manufacture Royale des draps, establie aux Gobelins, accordé au sieur François de Julienne par lettres patentes du 12. novembre 1691. & continué par celles du premier aoust 1713. en consequence, permet au sieur Jean de Julienne, de continuer à faire travailler dans le fauxbourg Saint Marcel de Paris, à la manufacture de draps fins façon d'Espagne, d'Hollande, d'Angleterre, & de ceux qui se fabriquent dans le royaume, pendant vingt années, à compter du premier aoust 1733. à la charge de se conformer aux ordonnances & reglemens concernant les manufactures de draperies, & aux droits, privileges, franchises & exemptions y portées.

Du 13. Avril 1734.

* Arrest du Conseil, qui casse une sentence renduë par le juge de police de Laval, le 2. mars 1734. à l'occasion de la saisie faite d'une piece de toile sur un tisserand de cette ville: ordonne qu'en execution de l'article XIV. de l'arrest du 12. decembre 1730. portant reglement pour la manufacture des toiles de Laval, la piece de toile saisie sera confisquée, & le tisserand condamné en cinquante livres d'amende.

Et fait deffenses au juge de police de Laval, & à tous autres juges des manufactures, de moderer les peines portées par les reglemens, ni d'ordonner que les marchandises confisquées soient rachetables, pour quelque somme que ce soit, par les particuliers sur qui elles auront esté saisies; à peine par lesdits juges, de répondre en leur propre & privé nom, de la valeur des amendes & confiscations qu'ils auroient dû prononcer, & mesme d'interdiction.

Du 13. Avril 1734.

* Arrest du Conseil, qui ordonne que les draps & autres étoffes des qualitez y specifiées, qui se fabriquent dans le Languedoc, les Sevennes, le Velay, le Gevaudan, le Vivarais, le Dauphiné, la Provence, & dans la generalité de Montauban, seront aunez à l'aune mesure de Paris, sans pouvoir l'estre à la canne.

Que les draps estamets, ratines & autres étoffes de pareille qualité, qui se plient en deux sur la largeur, seront aunez par le milieu de la piece, & non par les lisieres; Que les serges, droguets & autres étoffes de demi-aune & au-dessous, & qui se plient sur leur largeur entiere, seront aunées par la plus courte lisiere;

Et que ces différentes especes d'étoffes seront aunées dans les bureaux de fabrique & de controlle, par des auneurs jurez, & par eux marquées d'un plomb, conformement à ce qui est prescrit par ledit arrest.

Du 17. Avril 1734.

* Sentence des Prevost des marchands & Eschevins de la ville de Paris, portant condamnation de mort contre Nicolas Lambert, cy-devant receveur des droits appartenant à la ville, tant à titre de réunion à son domaine, qu'à titre d'octrois au bureau de la Croix-Faubin fauxbourg Saint Antoine de cette ville, accusé & contumax, pour retention de deniers provenant desdits droits.

Du 18. Avril 1734.

* Arrest du Conseil, qui ordonne que les chapeaux appellez demi-castors, vigognes ou dauphins, demi-vigognes & chapeaux de poil, payeront pour droits de sortie aux bureaux des cinq grosses fermes, quarante sols de la douzaine pour les provinces reputées estrangeres, & vingt sols pour

l'estranger, ainsi que pour les villes de Marseille, Bayonne & Dunkerque; à la charge par les marchands qui declareront lesdits chapeaux pour l'estranger, & pour lesdites villes de Marseille, Bayonne & Dunkerque, de prendre aux bureaux des cinq grosses fermes, des acquits à caution pour en assûrer la sortie ou l'arrivée dans lesdites villes, & d'en rapporter certificat des commis du dernier bureau de la route.

Et que les chapeaux de castor, & les chapeaux de feutre, continuëront de payer les droits de sortie, conformement au tarif de 1664. & aux arrests du Conseil des 2. Avril & 3. octobre 1702.

Du 20. Avril 1734.

* Ordonnance du Roy, portant nouvelles deffenses à tous gens de guerre, sur le commerce du faux sel, du faux tabac, & des marchandises de contrebande; *contenant trente-sept articles.*

Du 20. Avril 1734.

Arrest du Conseil, qui commet le sieur Chauvelin Intendant d'Amiens, pour instruire & juger souverainement & en dernier ressort, le procès aux nommez Adrien & François Goutier, Nicolas le Camus & son frere, du lieu de Berné, & à leurs complices, fauteurs, participes ou adherans du commerce de contrebande, dont ils sont prevenus, à l'occasion d'une saisie faite le 21. septembre 1733. par les commis du bureau de Saint-Crist, de plusieurs ballots de tabac de contrebande, circonstances & dépendances.

Des 11. Juillet 1719. & 20. Avril 1734.

* Ordonnances de Messieurs les Intendans de la generalité de Paris, contenant ce qui doit estre observé pour la recherche & amas de salpestres, & fabrication des poudres; ordonnent aux maires, eschevins, syndics & habitans des

villes, bourgs & villages, de procurer aux salpestriers, des maisons qui leur soient propres, en payant les loyers sur le pied des derniers baux, ou à dire d'experts; leur deffend d'envoyer auxdits salpestriers, aucuns gens de guerre, de les nommer pour aydes à ceux qui ont le logement actuel, ni de leur faire payer aucuns ustensiles ni contributions; exemptent leurs enfans, ouvriers & domestiques, de tirer aux billets pour la milice; font deffenses à tous habitans & collecteurs des tailles, de les imposer à plus de cinquante sols, ni de les nommer pour faire la collecte des tailles, ni pour aucunes autres charges municipales; ordonnent aux marchands & autres qui auront des cendres, de les vendre auxdits salpestriers par preference, à raison de trois sols le boisseau, mesure de l'Arsenal de Paris; donnent part auxdits salpestriers dans la distribution des bois patrimoniaux, & dans la joüissance des droits d'usages des villages où ils seront establis; deffendent à tous préposez à la levée des droits qui se perçoivent aux portes, ponts & passages, d'en exiger aucuns desdits salpestriers, pour l'entrée des salpestres & poudres, ni pour le peage desdits salpestres, bestes, chevaux & harnois, portant ustensiles à l'usage desdits salpestriers; font deffenses à tous huissiers, sergens & autres, de saisir ou faire saisir les outils, ustensiles, chevaux & harnois desdits salpestriers; à toutes personnes de les troubler dans leurs travaux, à peine d'amende; à tous ouvriers qui travailleront chez les maistres, de les quitter à moins qu'ils ne les ayent avertis un mois avant, à peine de prison, & aux maistres salpestriers, de se débaucher les uns aux autres leurs ouvriers, à peine d'amende.

Du 11. May 1734.

Arrest du Conseil, qui descharge les fers, soit en gueuse, ou en barre, provenant de la forge de Neufchastel, qui seront transportez en Suisse & autres pays estrangers, tant du payement des droits portez par l'arrest du Conseil du 2. avril 1701. que de ceux prétendus par les sous-fermiers de la marque des fers.

Du 11. May 1734.

Arrest du Conseil, qui ordonne que le sieur Boyer de Bandol, President au parlement d'Aix, joüira, comme par le passé, de l'exemption du droit de table-de-mer, sur le poisson frais qui se pesche dans les madragues cedées en 1603. aux auteurs dudit sieur de Bandol.

Du 19. May 1734.

Arrest du Conseil, qui confirme la Compagnie des Indes dans les privileges, exemptions & *transit* dont elle a droit de joüir au port de l'Orient & à Nantes, sur les marchandises de son commerce; *contenant dix articles.*

Du 23. May. 1734.

* Arrest du Conseil, rendu en interpretation des reglemens de 1669. & 1733. concernant la teinture des laines propres à faire de la tapisserie; ordonne qu'il sera teint des échantillons de laines qui seront remis au greffe de la police, & aux bureaux des merciers & maistres teinturiers, pour servir de comparaison; & qu'il sera fait des visites chez les teinturiers soupçonnez de teindre en faux teint, à l'effet de saisir les laines qui ne se trouveront pas teintes en conformité desdits reglemens; *contenant sept articles.*

Du 25. May 1734.

* Arrest du Conseil, qui casse une sentence de la jurisdiction des traittes de Nantes, du 6. avril 1734. & juge que les marchandises estrangeres qui auront payé les droits des nouveaux arrests, dans les provinces reputées estrangeres, ne joüiront de l'exemption de ceux du tarif de 1664. que

lorſqu'elles entreront dans les cinq groſſes fermes dans l'eſpace de trois mois, à compter du jour de leur arrivée dans le royaume; après lequel temps de trois mois de ſejour dans leſdites provinces reputées eſtrangeres, elles ſeront aſſujetties au droit dudit tarif de 1664.

Du 25. May 1734.

* Arreſt du Conſeil, qui caſſe deux ſentences renduës par les maire & eſchevins du Havre, les 9. Juin & 4. Juillet 1733. en conſequence, deſcharge le ſieur le Vaillant negociant de ladite ville, des ſommes de douze cens quarante-trois livres quatre ſols, & de deux cens quatre-vingt-quinze livres ſix ſols trois deniers, auxquelles il a eſté condamné par leſdites ſentences, pour droits d'octroys de la ville du Havre, ſur des vins & eaux-de-vie venant de Bordeaux & de la Rochelle, deſtinez à eſtre tranſportez en Canada.

Et qui ordonne que tous les armateurs ou negocians qui armeront dans la ville du Havre, des vaiſſeaux deſtinez pour les iſles françoiſes de l'Amerique, joüiront de l'exemption des droits d'octroys de ladite ville, ſur toutes les marchandiſes & denrées employées à leur commerce, ou à l'approviſionnement & avictuaillement de leurs vaiſſeaux; à la charge par eux, d'en faire leur declaration à l'entrée de la ville du Havre, & que leſdites marchandiſes & denrées ſeront miſes dans l'entrepoſt ordonné par les lettres patentes du mois d'avril 1717. juſqu'au jour de leur embarquement.

Du 11. Juin 1734.

Arreſt de la cour des Aydes de Paris, qui reçoit Nicolas Deſboves adjudicataire des fermes generales-unies & de celle du tabac, enſemble les nommez François Bouchard brigadier des fermes & gabelles au poſte d'Ardenay, Deſchamps, Benoiſt, & Antoine Pariſel, gardes de ladite brigade, appellans du decret d'adjournement perſonnel decerné contre leſdits

lesdits employez, par les officiers du grenier à sel de Montsaugeon, le 31. decembre 1733. tient l'appel pour bien relevé; leur permet d'intimer sur iceluy, qui bon leur semblera; renvoye lesdits Bouchard, Parisel, Deschamps & Benoist dans les fonctions de leurs emplois, en subissant par eux interrogatoires en estat d'adjournement personnel : & ordonne en outre que les procedures commencées en l'election de Langres, à la requeste de Nicolas Desboves adjudicataire des fermes generales-unies, pour raison d'une saisie de faux sel & de faux tabac, seront continuées.

Du 15. Juin 1734.

Arrest du Conseil, qui évoque & renvoye pardevant le sieur Colleau, Commissaire député par arrest du Conseil du 31. mars 1733. l'appel de la sentence renduë par le juge des ports de Villeneuve-lès-Avignon, le 9. may 1733. ensemble le procès extraordinairement instruit contre les nommez Bernard & Bouguyer par ledit sieur Colleau, en vertu de son ordonnance du 29. decembre suivant, pour raison de la contrebande avec attroupement & port d'armes, dont lesdits Bernard & Bouguyer sont accusez.

Du 19. Juin 1734.

* Ordonnance de M. de la Neuville, Intendant au comté de Bourgogne, portant que le bureau de Dampierre sera transferé à Montbeliard; & que tous les marchands & autres qui feront entrer des marchandises sujettes ou non sujettes aux droits, dans le comté de Montbeliard, seront tenus de les conduire au bureau de la doüane dudit lieu, à peine de confiscation desdites marchandises, & de trois cens livres d'amende, &c.

Du 20. Juin 1734.

* Arrest du Conseil, qui indique au 14. juillet 1734. une

assemblée chez le sieur Lieutenant general de police de la ville de Paris, où les actionnaires de l'ancienne compagnie des Indes orientales seront tenus de se trouver, à l'effet de nommer des syndics, lesquels seront autorisez à former les demandes, & discuter les pretentions desdits anciens actionnaires, contre les directeurs de la nouvelle compagnie d'Occident.

Du 21. Juin 1734.

* Instruction aux employez establis aux bureaux des entrées de Paris, concernant l'entrée des marchandises de bonneterie; portant entr'autres choses moderation des Gages ordonnez estre laissez aux barrieres par les marchands forains, voituriers & autres porteurs & conducteurs de marchandises de bonneterie, pour sûreté du transport desdites marchandises au bureau de la doüane, & en celuy des marchands bonnetiers; *contenant quatorze articles.*

Du 23. Juin 1734.

* Lettres patentes *registrées en la cour des Aydes de Roüen, le 9. juillet 1734.* qui ordonnent l'execution des articles III. de la declaration du 6. decembre 1707. & XXX. de celle du premier aoust 1721. en consequence, ordonnent que tous les commis & employez des fermes ayant serment en justice, pourront, en quelque lieu qu'ils se trouvent, mesme hors du ressort de la cour superieure, ou jurisdiction subalterne où ils auront presté serment, arrester tous vendeurs ou porteurs de faux tabacs, saisir lesdits tabacs, & en dresser des procez-verbaux; lesquels estant bien & dûëment affirmez, seront crus, & seront foy en justice, jusqu'à inscription de faux, dont la connoissance néantmoins appartiendra à l'election, & aux juges des fermes dans le ressort desquels la saisie aura esté faite: deffendent à tous juges d'annuller les procez-verbaux des commis des fermes & de la regie du tabac, sous

pretexte que leurs noms n'auroient point esté inscrits dans des tableaux déposez aux greffes des elections, greniers à sel, jurisdictions des traittes, & autres sieges, à peine de nullité des jugemens, de mille livres d'amende, & de tous despens, dommages & interests contre lesdits juges.

Du 26. Juin 1734.

* Ordonnance de M. de la Neuville, Intendant au comté de Bourgogne, portant reglement pour la perception des droits sur les marchandises qui entreront ou sortiront de la ville & comté de Montbeliard; interdit l'entrée, commerce, port & usage des étoffes des Indes, toiles peintes & autres étoffes prohibées; *contenant neuf articles.*

Du 30. Juin 1734.

* Jugement rendu en dernier ressort par M. de la Bourdonnaye Intendant de la generalité de Roüen;

Qui condamne aux galeres les nommez Henry Loque habitant de l'isle de Guernesey & capitaine de la chaloupe ou brigantin appellé le Pardaillan, & Guillaume Desrues, dit Dumesnil, habitant de Honfleur, pour crime de faux-saunage & de contrebande; confisque les sels, tabacs & autres marchandises, ensemble le brigantin sur lequel elles estoient chargées; le tout saisi & arresté en mer à un quart de lieuë de terre, par les employez de la patache de Dieppe; & condamne en outre lesdits Loque & Dumesnil solidairement en deux mille livres d'amende, & aux despens.

Du 3. Juillet 1734.

* Arrest du Conseil, qui ordonne que les arrests du Conseil des 7. decembre 1728. 18. janvier & 12. septembre 1729. seront executez selon leur forme & teneur; en consequence, fait deffenses aux fabriquans de Feuquieres & des environs, de fabriquer des serges appellées *petites Aumales, petits*

Blicourts, ou sergettes de Feuquieres; & leur enjoint de se conformer pour la fabrique de leurs serges, à ce qui leur est prescrit par lesdits arrests.

Du 6. Juillet 1734.

* Ordonnance du Roy, qui regle les formalitez à observer pour empescher les abus qui se pratiquent à l'occasion de la moderation des droits d'entrée sur les sucres provenant de la traitte des negres aux isles françoises de l'Amerique, à la faveur des certificats de la quantité des negres deschargez auxdites isles, & des marchandises provenant de la vente ou troc des negres.

Du 6. Juillet 1734.

Arrest du Conseil, qui permet à Jacques Henry & à ses associez, de restablir dans l'espace de dix années, cinquante cuves à papier dans la province d'Angoumois, & d'y faire fabriquer toutes sortes de papiers, sous le titre de manufacture royale; avec exemption pendant vingt années, tant des droits de sortie & de la traitte de Charente, que de ceux d'entrée de la ville de Roüen; & aux autres privileges & exemptions accordées par ledit arrest, en faveur dudit sieur Henry & des fabriquans & ouvriers qui seront employez dans ladite manufacture.

Du 13. Juillet 1734.

* Arrest du Conseil, portant reglement pour la perception du droit domanial sur les fers, aciers, quinquailleries & mines de fer, tant à l'entrée qu'à la sortie de la province de Franche-Comté; *contenant huit articles.*

NOTA. L'execution de cet arrest a esté sursise par autre arrest du Conseil du 19 avril 1735.

Du 13. Juillet 1734.

Arrest du Conseil, qui y évoque l'appel interjetté par Nicolas Desboves adjudicataire des fermes du Roy, d'une sentence du juge des traittes de Grandville, du 17. may 1734. qui a annullé un procès-verbal de saisie de sept cens soixante-dix-huit pieces de cotonine ou toile prohibée, trouvées dans la maison du nommé Jacques Deshayes cabaretier sur le havre de Grandville, sur le fondement du deffaut d'un tableau des noms des employez, déposé au greffe de la jurisdiction; Ordonne que les parties remettront leurs requestes & pieces pardevant M. le Controlleur general des finances, pour estre ordonné ce qu'il appartiendra; & deffend aux parties de se pourvoir ailleurs qu'au Conseil, à peine de nullité, cassation de procedures, & de tous despens, dommages & interests.

Du 17. Juillet 1734.

* Arrest du Conseil, qui renouvelle les deffenses faites par l'arrest du Conseil du 15. decembre 1722. aux fergers de Beauvais, de fabriquer ni faire fabriquer des molletons & espagnolettes; & fait deffenses, tant aux drapiers-drapans, qu'aux fergers de la mesme ville, de mettre plus d'un fil bleu aux lisieres des *sommieres & des flanelles,* & de donner aux sommieres larges & étroites, plus de largeur que celle prescrite pour lesdites étoffes par l'arrest du Conseil du 16. avril 1726.

Et ordonne, conformement à l'edit du mois d'aoust 1669. que tous procez & differends mûs & à mouvoir, tant entre les fabriquans & leurs ouvriers, qu'entre les marchands & lesdits fabriquans, pour raison de saisies, contraventions aux reglemens, ou autres matieres concernant leur fabrique ou leur commerce, seront instruits & jugez sommairement par le juge des manufactures, sans ministere d'advocats ni procureurs, & à l'audience, ſur ce qui aura eſté dit & repreſenté par les parties meſmes, &c.

Du 17. Juillet 1734.

* Arreſt du Conſeil, qui caſſe & annulle differentes ſentences renduës par le lieutenant de police de Beauvais, ſur des ſaiſies faites de pluſieurs pieces d'étoffes par les gardes-jurez des drapiers-drapans, ſur quelques ſergers de la meſme ville; &, avant faire droit ſur leſdites ſaiſies, ordonne que par le ſieur de Harlay Conſeiller d'Eſtat ordinaire, Intendant & Commiſſaire départi dans la generalité de Paris, il ſera informé contre les ſergers dénommez dans ledit arreſt, pour avoir mis ſur les étoffes ſur eux ſaiſies, des noms de drapiers-drapans, au lieu de leurs noms, &c.

Du 20. Juillet 1734.

* Arreſt du Conſeil, qui accorde aux negocians de Saint-Jean-de-Luz, pour leur commerce de la peſche de la baleine & de la moruë au Canada & à l'Iſle-royale, les meſmes droits, privileges & exemptions qui ſont accordées pour le commerce des colonies françoiſes, aux autres negocians du royaume, par les lettres patentes du mois d'avril 1717. portant reglement pour le commerce des colonies françoiſes; & ordonne qu'il ſera eſtabli en ladite ville de Saint-Jean-de-Luz, un magaſin où les marchandiſes & denrées deſtinées pour l'avituaillement des vaiſſeaux armez pour ladite peſche, ſeront entrepoſées.

Du 27. Juillet 1734.

Arreſt du Conſeil, qui ordonne que la requeſte de Nicolas Deſboves adjudicataire des fermes generales-unies, tendante à ce que le ſieur Martel marchand à Paris, ſoit débouté de ſa demande en reſtitution des droits du tarif de 1664. perçûs au bureau de Gannat ſur une partie de dix-huit cens ſeize livres de manne venuë de Marſeille au port de Cette, ſous les noms & pour le compte des ſieurs Meſtre, Vidal & autres negocians & citadins de ladite ville de Marſeille, quoyque les droits d'entrée du royaume euſſent eſté acquitez au bureau de Cette en Languedoc, province reputée eſtrangere; ſera communiquée aux parties, pour y reſpondre dans deux mois.

NOTA. Par tranſaction reçûë le 5. novembre 1734. par Me du Tartre notaire à Paris, le ſieur Martel a reconnu que les mannes en queſtion ayant changé de main, ſont devenuës marchandiſes patrimoniales de Languedoc, & que conſequemment les droits du tarif de 1664. ont eſté bien & legitimement perçûs au bureau de Gannat; au moyen de quoy & du payement des frais & couſt de l'arreſt, rembourſez au fermier par le ſieur Martel, les parties ſe ſont reſpectivement déſiſté de toutes procedures & prétentions.

Du 27. Juillet 1734.

Arreſt du Conſeil, qui évoque & renvoye pardevant M. l'Intendant de Roüen, l'appel interjetté par le ſieur de Ginerville de Saint-Sauveur, d'une ſentence de l'amirauté de Cherbourg, du 10. novembre 1733. qui a prononcé la confiſcation de quelques indiennes appartenant audit ſieur de Ginerville, & trouvées dans le bateau du nommé François le Vaſſeur, venant de l'iſle de Gerſay, enſemble dudit bateau, agrez & apparaux; & condamné leſdits ſieur de Ginerville & le Vaſſeur chacun en cent livres d'amende; pour eſtre le tout jugé définitivement & en dernier reſſort par ledit ſieur Intendant, en appellant avec luy le nombre d'officiers ou graduez requis par l'ordonnance, &c.

Du 31. Juillet 1734.

* Ordonnance de M. de la Neuville Intendant au Comté de Bourgogne, portant nouveau reglement pour prévenir les fraudes qui peuvent ſe commettre par ceux qui abuſent de la liberté du commerce & de l'uſage du tabac dans le Comté de Bourgogne; & réitere les diſpoſitions des articles VIII. & IX. de l'ordonnance du 6. aouſt 1729. qui notifient

les peines establies par les declarations du Roy des 17. octobre 1720. & premier aoust 1721. contre les contrebandiers attroupez à port d'armes, & sans armes; *contenant douze articles.*

Du 3. Aoust 1734.

* Arrest du Conseil, concernant le dixieme des appointemens des commis & employez des fermes generales-unies.

Du 13. Aoust 1734.

* Jugement souverain, rendu par le sieur de Pomereu Intendant de justice, police & finances de Navarre, Bearn & generalité d'Auch, qui condamne aux galeres le nommé Jean Vidalon fils aisné, dit Morocotjo, habitant de la paroisse de la Hossoa, & Me Pierre Lambert prestre habitué de la paroisse de Bidarray, à un bannissement de l'intendance, pendant trois années, pour excez commis par ledit Vidalon, & pour avoir par ledit sieur Lambert tenu des discours indiscrets & temeraires contre l'authorité du Roy; & les condamne en outre solidairement chacun en cent livres d'amende & aux despens.

Du 13. Aoust 1734.

* Jugement souverain, rendu par le sieur de Pomereu Intendant de justice, police & finances de Navarre, Bearn & generalité d'Auch, contre plusieurs habitans de la paroisse de Cambo, convaincus du crime de rebellion avec attroupement & port d'armes; pour réparation de quoy, condamne le nommé Labiaguere, sieur Jeune de la maison de Hardier, jurat de ladite paroisse, contumax, à estre pendu; le nommé Pierre Duralde aussi jurat & contumax, aux galeres; les nommez Gratian Mandron, Ordequi, Sallaberry & Joannés Consinena, à un bannissement de trois ans, hors de l'intendance; & le nommé Hardoy, dit Sagardibourt, en cinq années de bannissement de ladite intendance : Ordonne qu'à la diligence du

du Procureur du Roy de la commiſſion, la plus grande des cloches qui ſont au clocher de ladite paroiſſe, en ſera oſtée ; & condamne en outre tous leſdits particuliers ſolidairement en deux cens livres d'amende & en tous les deſpens du procès.

Du 14. Aouſt 1734.

* Jugement ſouverain, rendu par le ſieur de Pomereu Intendant de juſtice, police & finances de Navarre, Bearn & generalité d'Auch, qui condamne Pierre Hardy, dit Lacho, habitant de la paroiſſe de Bidarray en baſſe Navarre, à eſtre pendu ; & les nommez Joannés Vidalon puiſné, & Mathieu Haramboure, habitans de la paroiſſe de la Hoſſoa en Labour, contumax, à eſtre pendus par effigie : ordonne un plus amplement informé de trois mois contre Pierre Duhalde & Martin Berry de ladite paroiſſe, tous convaincus de crimes, d'aſſaſſinats premeditez & nocturnes, avec attroupement & port d'armes, par eux exercez ſur les perſonnes de Pierre Necelat commandant la brigade des fermes eſtablie à la Hoſſoa, Catherine Guichard femme de Louis Bord lieutenant de ladite brigade, & Louis Meyrac garde : & condamne en outre leſdits Lacho, Vidalon & Haramboure, en diverſes amendes, dommages, intereſts, & aux deſpens.

Du 14. Aouſt 1734.

* Jugement ſouverain, rendu par le ſieur de Pomereu Intendant de juſtice, police & finances de Navarre, Bearn & generalité d'Auch, qui condamne le nommé Bernard Dithury, dit Errimots, habitant de la paroiſſe de Bareus en Soule, atteint & convaincu du crime de trahiſon, aſſaſſinat premedité, avec attroupement & port d'armes, & tranſport de faux tabac, à eſtre pendu : & les nommez Doyhamboure, de la paroiſſe d'Hoſpitalet, Pruilho Doyhenard, de la paroiſſe de Saint Jean-le-vieux, Ariſpe, de la paroiſſe de Cambo, Caminondequi, de la paroiſſe de Lecomberry, Joannés

Menuzarenna, de la paroisse de Bidarray en basse Navarre, & Tambourin Deguy, de ladite paroisse, atteints & convaincus d'avoir, avec attroupement & port d'armes, transporté en fraude une quantité de faux tabac, tous contumax, à estre pendus par effigie; confisque leurs biens, & les condamne en outre solidairement chacun en mille livres d'amende.

Du 15. Aoust 1734.

* Ordonnance du Roy, concernant les canonniers qui sont entretenus au port de Rochefort, & ceux qui s'embarquent sur les vaisseaux de Sa Majesté; *contenant huit articles.*

Du 17. Aoust 1734.

* Arrest du Conseil, qui permet pour un an, à compter du 15. septembre 1734. aux marchands & habitans, tant de la Provence, que des autres provinces du royaume, de faire voiturer & transporter des grains dans ladite province de Provence; à la charge par ceux qui en feront passer, de faire pardevant les sieurs Intendans ou leurs subdeleguez, leurs declarations de la quantité de grains qu'ils y feront transporter; & de faire leur soûmission, de rapporter la preuve du deschargement: ordonne que tous les grains, farines ou legumes qui y feront voiturez ou conduits, soit par mer, rivieres ou par terre, seront exempts tant des droits des fermes, que de tous droits locaux, de travers, peages, passages, pontonages, coustumes & autres de toute nature, soit qu'ils appartiennent à des villes & communautez, ou à des seigneurs ecclesiastiques & laïques.

Du 17. Aoust 1734.

* Arrest du Conseil, qui proroge pour un an, à compter du 15. octobre 1734. jusqu'au 15. octobre 1735. les dispositions portées par l'arrest du 23. septembre 1732. & en consequence, ordonne que les bleds, froments, meteils,

seigles, orges, baillarges, & autres grains, farines & legumes, qui passeront des provinces des cinq grosses fermes, dans les provinces reputées estrangeres, & des provinces reputées estrangeres, dans celles des cinq grosses fermes, seront exempts de tous droits d'entrée & de sortie, droits locaux, droits d'aydes, & autres generalement quelconques, mesme des droits d'octrois appartenant aux villes, lorsqu'ils ne feront qu'y passer & n'y seront point consommez; à la charge par ceux qui les feront transporter, soit par eau ou par terre, de declarer aux bureaux d'entrée & de sortie, la quantité & qualité desdits grains, farines & legumes, ainsi que le lieu de leur destination, & d'en souffrir la visite; à peine de cinq cens livres d'amende & de confiscation d'iceux, en cas de fausse declaration, ou faute d'en avoir fait: Permet à tous negocians, marchands, ou autres, d'en transporter, & d'en faire des envois d'un port du royaume dans un autre, mesme dans les ports de Provence, &c.

Du 24. Aoust 1734.

* Declaration du Roy, portant reglement entre la cour de Parlement & la cour des Aydes de Bordeaux, sur la competence de chacune de ces deux Cours; *contenant cinquante articles, registrée en Parlement le 3. septembre 1734.*

Du 24. Aoust 1734.

Arrest du Conseil, qui ordonne que par le sieur de la Galaisiere Intendant & Commissaire departi en la generalité de Soissons, il sera procedé à l'adjudication au rabais & moins disant, en la maniere ordinaire, des travaux & autres ouvrages à faire pour la construction des corps-de-garde & barrieres necessaires pour placer des brigades d'employez des fermes, le long du canal de Picardie, aux differens passages par où la fraude pourroit s'introduire; desquels ouvrages & constructions, l'entrepreneur sera payé sur les ordonnances dudit sieur Commissaire départi, par M.e Nicolas Desboves adjudicataire general des fermes-unies, auquel il en sera tenu compte sur le prix de son bail, en rapportant l'expedition ou copie collationnée dudit arrest, les devis estimatifs, les procez-verbaux d'adjudication & reception desdits ouvrages, les ordonnances dudit sieur Intendant, & les quittances sur ce suffisantes.

Du 24. Aoust 1734.

* Arrest du Conseil, portant que toutes sortes de marchandises de draperie arrivant aux halles aux draps de Paris, y seront aunées bois à bois, sans pouce ni évent, conformement aux reglemens; & qu'à cet effet il sera construit & posé dans lesdites halles, autant de tables que le lieu en pourra contenir, sur lesquelles l'aune juste & ses partitions seront marquées.

Du 24. Aoust 1734.

* Arrest du Conseil, qui casse une sentence des juges des manufactures de Dijon, du 10. Mars 1734. declare quatre pieces de droguet, saisies par les jurez des drapiers-drapans de ladite ville, sur Claude Bordet, confisquées, pour s'estre trouvées en contravention aux articles III. & IV. de l'arrest du Conseil du 30. Juin 1733. & condamne ledit Bordet en l'amende de trois cens livres pour chacune desdites pieces.

Et pour avoir par lesdits juges contrevenu aux dispositions de l'edit du mois d'aoust 1669. par lesquelles il est ordonné de traiter & juger sommairement les procez & differends sur le fait des manufactures, les condamne pour cette fois seulement & sans tirer à consequence, à la restitution des épices, vacations & autres droits qu'ils ont indûëment perçûs, & leur fait deffenses de recidiver, sous plus grandes peines.

Du 24. Aoust 1734.

* Arrest du Conseil & lettres patentes sur iceluy, portant deffenses à tous maistres ou veuves de maistres du corps de la draperie royale de Sedan, de vendre aucunes laines d'Espagne, si ce n'est de maistre à maistre, à peine de trois cens livres d'amende, &c. Deffenses aussi à tous ouvriers de cette manufacture, de vendre, receler ni soustraire lesdites laines, & à toutes personnes d'en acheter desdits ouvriers, ni d'en vendre; à peine d'estre lesdits ouvriers poursuivis extraordinairement, comme pour crime de vol, suivant l'exigence des cas, & de confiscation desdites laines qui se trouveront en la possession d'autres personnes que lesdits ouvriers.

Du 24. Aoust 1734.

* Arrest du Conseil, qui proroge pour trois années les deffenses cy-devant faites aux juges des manufactures & autres juges de Roüen, Ernetal, Louviers, Elbeuf & Orival, de recevoir aucuns maistres drapiers-drapans, dans ces manufactures, pour la fabrique des draps y specifiez; & aux maistres drapiers-drapans, de recevoir aucuns apprentifs pendant ledit temps; le tout à l'exception des fils de maistres, & sous les peines portées par ledit arrest.

Du 24. Aoust 1734.

Arrest du Conseil, qui ordonne que par le sieur de la Tour, Intendant & Commissaire départi en la province de Bretagne, ou son subdelegué à Morlaix, il sera procedé pour & au nom de Sa Majesté, à l'acquisition de la maison & de l'emplacement du clos Maran, appartenant au sieur Moeslin de Tronjoly, moyennant la somme de vingt-six mille livres, à laquelle son remboursement a esté liquidé par ordonnance du 4. aoust 1734. de laquelle somme il sera payé sur l'ordonnance dudit sieur Intendant, & quitance ſuffiſante, par Nicolas Deſboves adjudicataire general des fermes unies & du tabac; & que pour aſſûrer ladite acquiſition & purger leſdites maiſon & emplacement du clos Maran, de toutes dettes & hypotheques, il ſera, à la diligence du Procureur general du parlement de Rennes, procedé aux formalitez preſcrites pour ces ſortes d'acquiſitions, par l'edit du mois de juillet 1693. Et en rapportant par ledit Deſboves l'expedition ou copie collationnée dudit arreſt, les titres juſtificatifs de la proprieté deſdites maiſon & emplacement, & le contract de délaiſſement quittancé dudit ſieur de Tronjoly, le tout en bonne forme, les ſommes payées par ledit adjudicataire, & celles qu'il a avancées pour procez-verbaux d'eſtimation, frais d'appropriemens, & tous autres par luy bien & legitimement faits, luy ſeront rembourſez par le fermier du tabac qui luy ſuccedera, & ainſi ſucceſſivement de bail en bail.

Du 24. Aouſt 1734.

Arreſt du Conſeil, qui commet le ſieur Decvelin, Prevoſt general de la mareſchauſſée du Haynaut, pour inſtruire & juger le procès aux nommez Allart de Ferré, Pierre-François Florent, Philipes & autres contrebandiers complices, tant pour raiſon de contrebande avec attroupement & port d'armes, que pour les autres crimes & deſordres dont ils pourroient eſtre chargez.

Du 24. Aouſt 1734.

* Arreſt du Conſeil, qui declare que les commandemens faits aux redevables des droits des fermes du Roy, à la requeſte de ſes fermiers & ſous-fermiers, continuëront d'eſtre controllez par les commis au controlle des exploits, pourvû qu'ils leur ſoient preſentez dans le neuvieme jour de leur date : fait très-expreſſes deffenſes auxdits commis, d'en refuſer le controlle dans ledit temps, à peine de demeurer

refponfables des dommages & interefts defdits fermiers & fous-fermiers, & d'interdiction: ordonne que conformement au tarif annexé à la declaration du 17. fevrier 1688. lefdits redevables ne pourront eftre contraints à payer les frais defdits commandemens, pas mefme le timbre, lorfqu'ils acquiteront lefdits droits dans le huitieme jour de la date defdits commandemens.

Du 24. Aouft 1734.

Arreft du Confeil, qui déboute Nicolas Defboves adjudicataire des fermes generales, de fa demande en caffation de l'arreft de la cour des Comptes, Aydes & Finances de Roüen, du 5. fevrier 1734. confirmatif d'une fentence de l'election d'Avranches; par laquelle un procès-verbal de faifie de faux tabac, faite fur le nommé François Chauvet par les employez de la brigade du Pont-Gilbert, a efté annullé, & le fermier condamné aux defpens, fur le motif que l'affirmation du procès-verbal n'eftoit pas au pied de la copie dépofée au greffe.

Du 29. Aouft 1734.

* Arreft du Confeil, qui permet pendant un an feulement, à compter du premier feptembre 1734. aux negocians des ports & villes maritimes du royaume, d'envoyer leurs vaiffeaux directement en Irlande, pour y acheter des bœufs & chairs falées, & les tranfporter enfuite fur les mefmes vaiffeaux aux ifles & colonies françoifes, en faifant par eux les foûmiffions requifes; & ordonne que les vaiffeaux que lefdits negocians pourroient avoir envoyez en Irlande à cet effet, joüiront de ladite permiffion.

Du 29. Aouft 1734.

* Arreft du Confeil, qui, en interpretant l'article II. du reglement du 3. mars 1733. permet aux teinturiers en foye,

laine & fil, de la ville de Paris, de teindre en petit teint les laines dont le prix ne sera que de cinquante sols la livre & au-dessous, toutes teintes, destinées, tant pour les canevas, que pour les tapisseries de Bergame, & autres pareils ouvrages: & accorde six mois auxdits teinturiers pour vendre & debiter les laines fines, propres aux tapisseries & canevas, qui ne seront pas du bon teint; après lequel temps, celles qui se trouveront en leur possession seront saisies, confisquées & bruslées, avec amende de trois cens livres contre chacun de ceux des teinturiers chez lesquels il s'en trouvera.

Du 7. Septembre 1734.

Arrest du Conseil, qui ordonne que M. le Procureur general en la cour des Comptes, Aydes & Finances de Roüen, envoyera à M. le Controlleur general des finances, les motifs de l'arrest de ladite Cour, du 24. mars 1734. confirmatif d'une sentence des élûs de Coûtances, qui, en annullant un procès-verbal, sous pretexte que les noms des employez saisissans n'estoient point inscrits dans un tableau au greffe de l'election, ordonne l'élargissement des nommez Bellet & Turpin, leur fait main-levée d'un bateau & autres effets saisis, tant sur eux, que sur les nommez le Courtois & Deshayes, & prononce seulement la confiscation de cinq cens vingt-cinq livres de faux tabac trouvé dans ledit bateau par les employez de la brigade de Grandville dans le havre de ladite ville; pour, lesdits motifs vûs & examinez, estre par Sa Majesté ordonné ce qu'il appartiendra, toutes choses jusqu'à ce demeurant en estat.

Du 7. Septembre 1734.

Arrest du Conseil, qui liquide à la somme de quarante mille livres l'indemnité dûë à Nicolas Desboves adjudicataire des fermes generales-unies, pour la non-joüissance des droits sur les huiles de poisson, provenant de la pesche françoise,

françoise, & arrivées dans le royaume pendant le cours de la premiere année de son bail, commencée le premier octobre 1732. & finie le dernier septembre 1733. & ordonne que pour valeur de ladite somme de quarante mille livres, il sera expedié une ordonnance de comptant sur le garde du tresor royal en exercice, laquelle luy sera payée en une quitance comptable, sur & en déduction du prix de son bail, en vertu dudit arrest seulement.

Du 11. Septembre 1734.

* Jugement rendu par M. le Lieutenant general de police, & les officiers du chastelet de Paris;

Qui condamne le nommé Chasseigne, dit Jassin, convaincu du crime de concussion, à faire amende honorable au parc civil du Chastelet, l'audience tenante, en trois ans de bannissement de la ville, prevosté & vicomté de Paris, & en trois livres d'amende envers le Roy.

Du 14. Septembre 1734.

* Arrest du Conseil, qui, en interpretant l'article III. de l'arrest du Conseil du 9. fevrier 1734. dispense les gardes-jurez des fabriquans de draps, les gardes des marchands drapiers-merciers, & les jurez des maistres sergers de la ville de Sedan, de faire graver la premiere lettre de leur nom, & leur surnom en entier, sur les coins ou marques dont ils se serviront pour appliquer les plombs de fabrique & de controlle sur les draps & autres étoffes qu'ils auront visitées; à condition que la date de l'année de leur exercice sera gravée sur lesdits coins ou marques, suivant ce qui est prescrit par l'article II. dudit arrest du 9. fevrier 1734. & à la charge par lesdits gardes & jurez, d'estre solidairement garants des plombs qu'ils auront appliquez.

Du 16. Septembre 1734.

* Départemens de M.rs les fermiers generaux pour le service des fermes royales-unies, pendant la troisieme année du bail de M.e Nicolas Desboves.

Du 21. Septembre 1734.

* Arrest du Conseil, qui ordonne qu'à commencer du premier octobre 1734. les peluches façon d'Utrecht, provenant de la manufacture du nommé Pierre-Charles le Clercq, establie à Lille, ne payeront aux bureaux d'entrée des cinq grosses fermes, que dix sols par piece de dix aunes, au lieu des droits fixez par le tarif de 1664. à condition qu'elles seront marquées d'un plomb qui justifiera qu'elles auront esté fabriquées dans ladite manufacture, dont une empreinte sera déposée au greffe de l'intendance, & une autre au bureau de la direction des fermes à Lille, où ledit le Clercq sera tenu de prendre un acquit à caution, qui luy sera délivré sans frais, pour acquiter les droits desdites peluches au premier bureau d'entrée des cinq grosses fermes.

Du 21. Septembre 1734.

Arrest du Conseil, qui subroge le sieur de Vanolles Maistre des Requestes, actuellement Intendant & Commissaire départi dans la province du comté de Bourgogne, au lieu & place du sieur de la Neuville cy-devant Intendant dans ladite province, pour instruire & juger définitivement & en dernier ressort, toutes les affaires civiles & criminelles qui sont instruites, & qui surviendront par la suite dans l'estenduë de ladite province, pour raison des fraudes & contraventions aux droits de la ferme du tabac, circonstances & dependances, conformement à l'arrest du 15. Juillet 1732. luy attribuant à cet effet toute cour, jurisdiction & connoissance, ainsi & de la mesme maniere qu'elles avoient esté attribuées audit sieur de la Neuville.

Du 28. Septembre 1734.

Arrest du Conseil, qui y évoque les procedures commencées devant le maistre des ports de la ville de Marseille, à l'occasion de deux saisies d'étoffes des Indes & autres marchandises prohibées, mentionnées dans les procez-verbaux de vérification par luy dressez, les 28. avril & 28. may 1734. circonstances & dépendances: ordonne que dans huitaine, à compter du jour de la signification dudit arrest, le greffier de la jurisdiction des ports de ladite ville, envoyera à M. le Controlleur general des finances, lesdites procedures, à quoy faire il sera, & tout autre dépositaire, contraint; & que les gardiens & dépositaires desdites marchandises seront aussi tenus d'envoyer dans le mesme delay, au magasin general de la doüane de Paris, ce qui reste desdites marchandises au bureau du poids & casse; pour, le tout vû & examiné, estre par Sa Majesté ordonné ce qu'il appartiendra.

Du 28. Septembre 1734.

Arrest du Conseil, qui ordonne qu'en payant annuellement par la compagnie des Indes à l'adjudicataire des fermes generales, une somme de trois mille livres, les marchandises provenant des ventes de ladite compagnie, destinées pour le Dauphiné & passant par la ville de Lyon, seront exemptes des droits de la doüane de ladite ville; & celles destinées pour le Languedoc & la Provence, passant par les routes de Lyon ou Dauphiné, joüiront de l'exemption des droits des doüanes de Lyon & de Valence; & que lesdites marchandises destinées pour la ville de Marseille & Comtat d'Avignon, joüiront du privilege du *transit*: le tout en observant les formalitez prescrites par ledit arrest.

Du 28. Septembre 1734.

Arrest du Conseil, qui déboute les marchands negocians

en sel de la ville de Libourne, & les consuls & habitans des villes de Souilhac & de Domme, de leur opposition à l'arrest du Conseil des 8. decembre 1733. & lettres patentes sur iceluy, du 4. janvier 1734. qui ont ordonné la levée & perception au profit du sieur Marquis de Brancas & de sa compagnie, d'un droit de sept livres dix sols sur chaque pipe de sel qui sera deschargé dans le port, ou qui passera devant la ville de Libourne pour remonter la riviere de Dordogne.

FIN.

A PARIS,
DE L'IMPRIMERIE ROYALE.

M. DCCXXXVI.

TABLE
DES
EDITS, DECLARATIONS, ORDONNANCES, ARRESTS, ET REGLEMENS

CONCERNANT

LES GABELLES ET DROITS Y JOINTS;

Rendus pendant la ſeconde année du Bail de Me NICOLAS DESBOVES,

Commencée le premier Octobre 1733. & finie le dernier Septembre 1734.

A PARIS,
DE L'IMPRIMERIE ROYALE.

M. DCCXXXVI.

TABLE
DES
EDITS, DECLARATIONS,
ARRESTS ET REGLEMENS

RENDUS pendant la ſeconde année du Bail de M.ᵉ NICOLAS DESBOVES,

Commencée le premier Octobre 1733. & finie le dernier Septembre 1734.

CONCERNANT les Gabelles de France, Lyonnois, Dauphiné, Provence, Languedoc, Rouſſillon, Auvergne, Salines de Moyenvick, Gabelles des Eveſchez de Metz, Toul & Verdun, Gabelles & Domaines de Franche-Comté & d'Alſace, & Droits manuels.

Du 20. Octobre 1733.

ARREST du Conſeil, qui liquide à la ſomme de ſoixante-treize mille vingt-huit livres dix-ſept ſols onze deniers, l'indemnité dûë à Pierre Carlier & à Nicolas Deſboves, pour le ſupplement du prix des ſels par eux fournis aux Cantons Suisses catholiques, en consequence des traitez de Sa Majesté, & au Chapitre de Besançon, pendant la sixieme & derniere année du Bail dudit Carlier, commencée le premier octobre 1731. & finie le dernier septembre 1732.

Du 20. Octobre 1733.

Arrest du Conseil, qui déboute les marchands frequentans la riviere de Loire & autres y affluantes, des fins de leur requeste, tendante à ce que le fermier soit seul tenu des reparations à faire pour rendre la riviere de Mayenne navigable: & les renvoye pardevant le sieur de Lesseville Intendant de la generalité de Tours, pour leur estre fait droit sur leurs contestations, ainsi qu'il appartiendra.

Du 23. Octobre 1733.

* Départemens de M.rs les fermiers generaux pour le service des fermes royales-unies pendant la seconde année du bail de M.e Nicolas Desboves. Arresté à Fontainebleau par M. Orry Controlleur general des finances.

Du mois de Novembre 1733.

Edit du Roy, portant establissement d'un grenier à sel dans le bourg de Mennecy, duché de Villeroy, generalité de Paris; & création d'officiers pour composer la jurisdiction dudit grenier, dont le ressort sera composé, sçavoir, par démembrement du grenier à sel de Melun, des paroisses d'Auvergneaux, Ballencourt, Chevannes, les trois paroisses de la ville de Corbeil, qui sont Nostre-Dame, de Saint-Jacques & Saint-Leonard, Coudray, Courcouronnes, Draveilles, Escharçon, Essaune, Evry-sur-Seine, Fontenay-le-Vicomte, Hetiolles, Lisse, Mennecy, Montdeville, Monceau, Orangis, Ormois, Perthes, Ris & la Borde, Saint-Farjau, Saint-Germain, Corbeil, Saint-Try-sur-Seine, & Vallabé; par démembrement du grenier d'Estampes, des paroisses de Beaune, Bondousle, Bretigny, Cheptainville, Fleury, Itteville, la Ferté-Aleps, le Plessis, Paray, Saint Urain, Valgrand & Valpetit; & par démembrement du grenier de Paris, de la paroisse de Viry & Chastillon: & qui ordonne que les habitans desdites paroisses seront tenus de prendre & lever leur sel audit grenier de Mennecy, & d'y faire leur devoir de gabelle.

Du 10. Novembre 1733.

Arrest du Conseil, qui permet aux entrepreneurs de l'establissement d'une nouvelle saline à Lons-le-Saunier, de faire démolir à leurs frais la grosse tour quarrée qui reste de l'ancien chasteau de Montmorot, dont Sa Majesté leur fait don, à la charge par eux, d'employer tous les materiaux de ladite démolition à la construction des bastimens à faire dans ladite saline de Lons-le-Saunier.

Du 17. Novembre 1733.

Arrest du Conseil, qui, par grace & sans tirer à consequence, descharge les habitans incendiez de la paroisse de Bouttencourt, ressort du grenier du bourg d'Ault, de la somme de sept cens soixante-une livres dix-sept sols, qu'ils doivent de l'impost de ladite paroisse, tant pour reste du quartier d'octobre 1732. que pour l'année entiere 1733. & ordonne que pendant dix années consecutives, à commencer en 1734. les habitans de ladite paroisse continuëront d'estre imposez à la quantité de douze minots de sel, dont ils ne seront tenus d'en lever que deux minots, & en payeront le montant, & qu'ils demeureront deschargez de lever les dix autres, ainsi que d'en payer le prix; à la charge par eux de resider sur les lieux, & de faire rebastir leurs maisons.

Du 17. Novembre 1733.

Arrest du Conseil, qui commet le sieur de Harlay Intendant

de la generalité de Paris, pour entendre les dires, requisitions & pretentions respectives du sieur Lemuet de Bellombre, & de Nicolas Desboves adjudicataire des fermes generales, au sujet d'un pertuis que ledit sieur Lemuet veut restablir sur la riviere d'Yonne, au-dessus d'Auxerre; en dresser procès-verbal, pour, iceluy vû & rapporté au Conseil, avec son avis, estre par Sa Majesté ordonné ce qu'il appartiendra.

Du 18. Novembre 1733.

Jugement souverain, rendu par M. de Vanolles Intendant de la generalité de Moulins, qui condamne aux galeres à perpetuité, & à estre préalablement fletris des lettres G. A. L. les nommez Jean Gillet, dit Pierrette, & Jean Tenerant faux-sauniers, convaincus d'attroupement à port d'armes; & condamne par contumace plusieurs autres de leurs complices, à estre pendus en effigie en la place publique de l'horloge de ladite ville de Moulins, &c.

Du premier Decembre 1733.

Arrest du Conseil, qui ordonne conformement à celuy du 24. Fevrier 1733. que le traité fait pour un an seulement entre Jean-Denys Marion de Saint-Cyr, entrepreneur de la voiture des bois de la saline de Salins, le 29. octobre 1732. & le nommé Morel & compagnie, sera continué pour une deuxieme année, à compter du 29. octobre 1733. jusqu'à pareil jour 1734. en consequence, que les bois sapins portez en l'estat & soûmission faite par Morel & compagnie, le 12. octobre 1733. seront delivrez aux cautions de Hugues Perrot, ainsi que douze arbres chênes dans la forest de Mouchard; du prix desquels bois les cautions dudit Perrot seront tenues de compter au profit du Roy, sur le pied fixé par ledit arrest.

Du 4. Decembre 1733.

* Lettres patentes sur arrest du Conseil du 30. octobre 1731. qui permettent aux fermiers & sous-fermiers des droits des fermes du Roy, de se servir de tels huissiers & sergens royaux que bon leur semblera, mesme hors l'estenduë des juridictions où les huissiers ou sergens sont immatriculez ; à l'exception néantmoins de ceux des justices seigneuriales, qui ne pourront faire de poursuites ailleurs que dans l'estenduë des justices où ils ont pouvoir d'exploiter ; & à la reserve des procedures qui seront faites de procureur à procureur, nonobstant la declaration du premier Mars 1730. & les edits & declarations qui peuvent avoir esté faites en faveur des huissiers-priseurs & vendeurs de meubles, & autres huissiers, auxquels il est dérogé pour ce regard seulement : Sa Majesté validant, en tant que besoin est ou seroit, les poursuites qui ont esté faites en conformité desdits arrest & lettres patentes.

Rigistrées au parlement de Bretagne, le 30. Janvier 1734.

En la cour des Aydes de Clermont-Ferrand, le premier Fevrier 1734.

En la cour des Comptes, Aydes & Finances de Montpellier, le 6. Fevrier 1734.

En la cour des Comptes, Aydes & Finances de Provence à Aix, le 8. Fevrier 1734.

Au Conseil souverain de Roussillon, le 9. Fevrier 1734.

En la cour des Aydes & Finances de Montauban, le 10. Fevrier 1734.

En la cour des Aydes de Bordeaux, le 10. Fevrier 1734.

Au parlement de Grenoble, le 11. Fevrier 1734.

Au parlement & cour des Aydes de Dijon, le 12. Fevrier 1734.

Au parlement de Pau le 20. Fevrier 1734.

Au parlement de Metz, le 22. Fevrier 1734.

Du 8. Decembre 1734.

Arrest du Conseil, qui commet le sieur de Tourny Intendant & Commissaire départi en la generalité de Limoges, pour instruire & juger souverainement & en dernier ressort, le procès aux autheurs & complices des enlevemens des sels qui se font dans l'estenduë de ladite generalité, par des bandes de faux-sauniers armez, qui en font le versement dans les pays de gabelles.

Du 15. Decembre 1733.

Arrest du Conseil, qui accorde à la chaire de professeur de medecine en l'université de Montpellier, dont le sieur Marcot a esté pourvû par brevet du 17. Septembre 1732. six cens livres de gages, qui seront employez dans l'estat des charges assignées sur les gabelles de Languedoc, trois minots de franc-salé, & cinquante livres, pour tenir lieu d'exemption de tailles, ainsi qu'en joüissent les professeurs des autres chaires en ladite université.

Du 15. Decembre 1733.

Arrest du Conseil, qui ordonne qu'une somme de soixante-quatorze livres deux sols six deniers, dont les collecteurs de l'impost du sel de la paroisse de Courchamp, election de Laval, en l'année 1730. se sont trouvez redevables & hors d'estat de payer, après la discussion faite de leurs personnes & biens, sera imposée sur les habitans contribuables de ladite paroisse, par les collecteurs de l'impost du sel de l'année 1734. au marc la livre de l'impost du sel, & par eux remise au nommé Riollard habitant de la mesme paroisse, qui en a fait l'avance en vertu de sentence des officiers du grenier de Laval.

Du 15. Decembre 1733.

Arrest du Conseil, qui fait très-expresses deffenses au nommé Jean Tenaille proprietaire du moulin de Prenoulas, situé sur la riviere d'Yonne, au village de Lucy en Bourgogne, près la ville d'Auxerre, de percevoir à l'avenir aucuns droits de peage, pour raison du bouchage & débouchage du pertuis dudit moulin, ou sous aucun autre pretexte ; à peine contre luy de restitution des droits qui auroient esté exigez, & d'une amende arbitraire au profit de Sa Majesté ; & contre ses fermiers, receveurs, ou meusniers, d'estre poursuivis extraordinairement comme concussionnaires, & punis comme tels, suivant la rigueur des ordonnances.

Du 22. Decembre 1733.

* Arrest du Conseil, qui maintient les maire, syndics & habitans de la ville de Seyssel en Bugey, dans la perception des droits de pontonage ou peage, qui se levent sur la riviere du Rhosne, & par terre à Seyssel, & dans l'estenduë du mandement de ladite ville; lesdits droits consistant entr'autres choses, en quatre deniers tournois pour chaque sac ou larrier de sel de la traitte estrangere : à la charge qu'ils entretiendront en bon estat & à leurs frais, les ponts, chemins & chaussées, & feront faire les ouvrages necessaires pour la sûreté & la commodité de la navigation dans l'estenduë du mandement de ladite ville, &c.

Du 22. Decembre 1733.

Arrest du Conseil, qui déboute le sieur des Rochers-Foucon, president au grenier à sel de Falaise, de ses demandes: ordonne l'execution de l'edit du mois d'aoust 1715. portant révocation des privileges accordez aux offices dont la premiere finance est au-dessous de dix mille livres; de l'arrest du Conseil du 29. septembre 1722. qui explique les exemptions dont les officiers des greniers à sel doivent joüir; de celuy du 7. juin 1723. qui assujettit ledit sieur des Rochers-Foucon, au payement des droits du tarif de ladite ville : declare définitive l'ordonnance provisoire renduë par le sieur Lallemant de Levignan Intendant & Commissaire départi en la generalité d'Alençon, le 28. Novembre 1733. en faveur de l'adjudicataire des droits du tarif; & en consequence, ordonne que ledit sieur des Rochers-Foucon sera tenu de payer à l'avenir les droits du tarif de ladite ville, sur les denrées & boissons qu'il y fera entrer pour sa consommation.

Du 22. Decembre 1733.

Arrest du Conseil, pour faire expedier au profit de Pierre Carlier adjudicataire des fermes generales, une ordonnance de comptant sur le garde du tresor royal en exercice, de la somme de cent trente-six mille quatre cens quarante livres sept sols six deniers, par luy avancée pour ouvrages & reparations faites sur les rivieres de Sarthe, Loire & Oudon; laquelle somme de cent trente-six mille quatre cens quarante livres sept sols six deniers, luy sera payée en une quittance comptable, sur & en déduction du prix de son bail.

Du 22. Decembre 1733.

Arrest du Conseil, qui ordonne que pendant trois années, à commencer du premier octobre 1733. l'hospital general de Roüen continuëra de joüir de quarante minots de sel à luy accordez par autre arrest du 16. janvier 1731. outre & pardessus les vingt-quatre minots employez annuellement dans les estats des gabelles, sous le nom dudit hospital; desquels quarante minots il sera tenu compte au fermier sur le prix de son bail.

Du 22. Decembre 1733.

Arrest du Conseil, qui ordonne le remboursement sur le tresor

tresor royal, de la somme de quinze mille sept cens dix-neuf livres six sols quatre deniers, avancée par Pierre Carlier adjudicataire des fermes generales-unies, pour la reconstruction du pont de Mery, laquelle somme luy sera payée en une quitance comptable, sur & en déduction du prix de son bail.

Du mois de Janvier 1734.

* Edit du Roy, *registré en Parlement le 3. Mars 1734.* qui confirme les Chevaliers du Saint Esprit dans leurs anciens privileges, & particulierement dans l'exemption du dixieme, en payant la somme d'un million: Et création de deux offices de tresoriers generaux du marc d'or, & de deux controlleurs desdits tresoriers; *contenant huit articles.*

Du 19. Janvier 1734.

Arrest du Conseil, qui ordonne que pendant douze années, à commencer du premier fevrier 1734. il sera levé deux deniers par augmentation, sur chaque livre pesant de sel qui sera distribué au grenier de Donchery, pour le produit estre employé aux reparations à faire aux murs, portes & autres endroits de ladite ville.

Des 12. May 1733. & 26. Janvier 1734.

* Arrests du Conseil, qui ordonnent que les droits de peage establis au profit du Roy sur le pont provisionnel de Mantes, seront payez suivant le tarif annexé audit arrest, par toutes sortes de personnes, de quelque qualité & condition qu'elles soient, exemptes & non exemptes, à peine de désobéissance, & d'estre extraordinairement procedé contr'eux, en cas de rebellion; à l'exception néantmoins des officiers & archers des mareschaussées, & des commis des fermes du Roy, qui en seront & demeureront exempts & deschargez.

Du 16. Fevrier 1734.

Arrest du Conseil, qui renvoye pardevant les officiers de la visitation des gabelles de Villefranche, les plaintes, informations & autres procedures extraordinaires qui peuvent avoir esté faites par le seneschal de Rodez, contre les employez de la brigade ambulante des gabelles à Espalion, pour raison de la rebellion à eux faite par plusieurs particuliers, & de l'enlevement d'un faux-saunier qu'ils conduisoient dans les prisons de Rodez, ainsi que des autres faits mentionnez dans leur procès-verbal du 29. janvier 1734. pour estre par eux la procedure commencée & jugée définitivement, sauf l'appel à la cour des Aydes de Montpellier; & ordonne que les charges, informations & autres procedures faites par le seneschal de Rodez, seront remises au greffe de la visitation des gabelles de Villefranche.

Du 16. Fevrier 1734.

Arrest du Conseil, qui ordonne que par le sieur de Creil Intendant & Commissaire départi en la generalité de Metz, il sera incessamment procedé à l'adjudication au rabais & moins disant, des ouvrages à faire aux canaux servant au flottage des bois destinez pour la saline de Moyenvick & dépendances; du prix desquels ouvrages les entrepreneurs seront payez sur les ordonnances du sieur de Creil, par le fermier des gabelles, auquel il en sera tenu compte sur le prix de son bail.

Du 23. Fevrier 1734.

Arrest du Conseil, qui pourvoit par provision, à plusieurs choses necessaires pour l'establissement d'une nouvelle saline à Lons-le-Saunier dans le comté de Bourgogne, & entr'autres, à la fourniture des bois necessaires à la cuite & formation des sels; *contenant huit articles.*

Du 23. Fevrier 1734.

Arrest du Conseil, qui ordonne que par le sieur Maclot, Commissaire general pour l'administration des bois affectez aux salines de Salins, ou par les officiers de la Maistrise de ladite ville, qu'il pourra commettre, il sera incessamment & en execution de l'article XII. des lettres patentes du mois de juin 1733. procedé à la delivrance dans la forest de Fresse, & dans les endroits les moins dommageables à Hugues Perrot, entrepreneur des exploitations & voitures des bois sapins reservez pour les constructions à faire dans la saline de Lons-le-Saunier, de deux mille quatre cens trente-sept arbres sapins, pour estre employez à l'usage de ladite saline.

Du 2. Mars 1734.

Arrest du Conseil, qui évoque & renvoye pardevant le sieur de Lesseville Intendant & Commissaire départi en la generalité de Tours, les procedures commencées, tant pardevant les officiers du grenier à sel de Saint-Florent, que pardevant le Lieutenant criminel d'Angers, contre le nommé Ragneau, cy-devant huissier employé au recouvrement de l'impost du sel, pour pretenduës vexations; Bruget de la Galonniere commis du receveur du grenier à sel de Saint-Florent, pour raison de quelques coups par luy donnez à une personne qui l'avoit insulté; & le sieur Leroy receveur dudit grenier, à l'occasion d'une plainte portée contre luy par le sieur Clemençau de la Lande advocat, devant le Lieutenant criminel au bailliage & siege presidial de ladite ville d'Angers; pour estre le tout jugé en dernier ressort par ledit sieur Intendant, en appellant avec luy le nombre de graduez requis par l'ordonnance: Deffend aux officiers du grenier de Saint-Florent, de commettre ledit sieur Clemençau de la Lande, pour faire les fonctions de Procureur du Roy dans les jurisdictions; & à luy de faire aucune fonction d'advocat ou procureur postulant dans ladite jurisdiction, & en toute autre, tant & si long-temps qu'il sera interdit.

Du 2. Mars 1734.

Arrest du Conseil, qui ordonne que les sommes qui auront esté exigées par les officiers des greniers à sel de la generalité de Tours, pour raison des nominations d'office des collecteurs de l'impost du sel, seront restituées: leur deffend de se taxer à l'avenir aucunes vacations pour pareilles nominations, aux receveurs des greniers d'en faire l'avance, & aux collecteurs d'en faire l'imposition; à peine contre lesdits officiers & collecteurs, de concussion, & d'estre poursuivis extraordinairement.

Du 19. Mars 1734.

* Contract, par lequel le Roy accepte un don gratuit de douze millions, fait par le Clergé, pour tenir lieu du dixieme de ses revenus.

Declare que les registres, rolles, départemens, exploits, procedures, jugemens, advertissemens, commandemens, assignations, saisies, arrests, executions, procurations, deliberations, & toutes les diligences qu'il conviendra faire pour raison & à l'occasion de la levée, tant dudit don gratuit, que pour le recouvrement de toutes les impositions faites jusqu'à ce jour sur le Clergé, pourront estre faits en papier non timbré, & seront deschargez du droit de controlle des exploits.

Que les rentes qui seront constituées sur le Clergé par les gens de main-morte, pour lesdits douze millions, seront exemptes de tous droits d'amortissement & de nouveaux acquests, de controlle, insinuation & autres pareils droits, ainsi que les rentes qui seront par eux acquises, ou qui leur seront données & leguées à tel titre, pour quelque cause & en quelque sorte & maniere que ce puisse estre; à l'effet de quoy il eſt dérogé à tous edits, declarations à ce contraires.

Que ſi les rentes qui ſeront conſtituées pour les douze millions, venoient à écheoir au Roy par droit d'aubaine, deshérence, baſtardiſe, confiſcation, forfaiture ou autrement, (aux exceptions portées par les lettres patentes du 23. mars 1734. expediées ſur la deliberation du Clergé du 11. deſdits mois & an) en ce cas, leſdites rentes ſeront & demeureront eſteintes & amorties à la deſcharge du Clergé, ſans que les fermiers des domaines y puiſſent rien pretendre, ni qu'elles puiſſent eſtre compriſes dans les dons que Sa Majeſté pourroit faire, des biens ſujets aux droits d'aubaine, deshérence, baſtardiſe, confiſcation, forfaiture, ou autres, ſans qu'il ſoit beſoin d'en faire une reſerve expreſſe dans les baux des domaines, ni dans les brevets deſdits dons; Sa Majeſté faiſant dès-à-preſent, don au Clergé deſdits rentes & arrerages qui ſe trouveroient dans quelques-uns des cas cy-deſſus.

Que les eccleſiaſtiques & beneficiers joüiront, conformement aux precedens contracts, de l'exemption de toutes impoſitions miſes & à mettre ſur les denrées, pour la deſcharge des dettes des communautez, qui ſont ou ſeront dûës pour ſubſiſtance, taxes d'aiſez, emprunts, eſtapes & autres de cette nature; comme auſſi qu'ils joüiſſent, enſemble les communautez ſeculieres & regulieres de l'un & l'autre ſexe, des privileges & exemptions énoncez aux precedens contracts; & que les edits, declarations, arreſts & reglemens rendus en faveur du Clergé, ſur le fait des tailles, aydes & du ſel, ſoient executez; & ſans que les edits, declarations & arreſts expediez pour ſecours extraordinaires pendant la derniere & preſente guerre, en vertu deſquels les eccleſiaſtiques ont eſté impoſez, pour payer ſur leurs benefices, des taxes particulieres, ou leur part des rachats deſdits edits & arreſts, puiſſent eſtre tirez à conſequence contr'eux à l'avenir, ſous quelque pretexte, & pour quelque cause que ce soit: & sera ledit contract, ainsi que les précedens, exempt de la formalité, & des droits d'insinuation & du controlle.

Du 24. Mars 1734.

* Sentence des Prevost des marchands & Eschevins de la ville de Paris, qui condamne Jacques Rousselin, dit Samson, compagnon de riviere, en trente livres d'amende, pour s'estre immiscé au travail dans les bateaux chargez de sel, nonobstant les deffenses faites, tant par la sentence du 11. juillet 1732. que par le maistre des ponts de cette ville, avec deffenses de récidiver, sous peine d'estre chassé de dessus les ports.

Du 6. Avril 1734.

Arrest du Conseil & lettres patentes, *registrées au parlement de Grenoble le 4. juin 1734.* qui augmentent de neuf sols par minot le prix du sel dans le grenier d'Orange; laquelle augmentation sera levée au profit de la ville & des autres communautez de la principauté d'Orange, dont il leur sera compté tous les quartiers par le receveur dudit grenier, pour estre le produit employé au payement des anciennes dettes contractées par lesdites communautez.

Du 6. Avril 1734.

Arrest du Conseil, qui permet par provision, & sans préjudicier aux droits des parties, aux entrepreneurs des voitures des sels, de faire faire pendant l'année 1734. les mesmes ouvertures que celles qui ont esté faites en 1733. aux escluses du pertuis de Bailly, pour faciliter le montage des bateaux chargez de sel.

Des 13. Avril & 2. Novembre 1734.

* Arrests du Conseil; le premier ordonne au sieur Procureur general du parlement de Bretagne, d'envoyer à M. le

Controlleur general des finances, les motifs de l'arrest rendu en iceluy le 9. janvier 1734. par lequel le nommé Favereau hostelier à Pilmy, fauxbourg de Nantes, accusé de donner retraite & de fournir des vivres aux faux-sauniers, a esté renvoyé de l'accusation formée contre luy, & le fermier condamné aux despens & en cinq cens livres de dommages & interests envers ledit Favereau, &c.

* Et le second casse celuy dudit parlement de Bretagne, en ce qu'il prononce lesdites condamnations de despens, dommages & interests.

Du 20. Avril 1734.

* Ordonnance du Roy, portant nouvelles deffenses à tous gens de guerre, sur le commerce du faux sel, du faux tabac, & des marchandises de contrebande; *contenant trente sept articles.*

Du 27. Avril 1734.

Arrest du Conseil, qui ordonne que le sieur Curtil commis aux fonctions des charges de Procureur du Roy au bailliage & siege presidial, & en la jurisdiction des gabelles de Bourg en Bresse, demeurera interdit des fonctions desdites charges.

Du 11. May 1734.

Arrest du Conseil, qui ordonne que le Procureur general de la cour des Aydes de Dijon, envoyera au sieur Controlleur general des finances, les motifs de l'arrest de ladite Cour, du 15. janvier 1734. qui a cassé une sentence des officiers du grenier à sel de Montbart, par laquelle le nommé Claude Bernard espicier à Baigneux, a esté condamné en trois cens livres d'amende, & en la confiscation de trois tonnes de moruë, faute par luy d'en avoir fait declaration à l'arrivée, conformement à l'arrest du Conseil & lettres patentes du 15. fevrier 1724. pour, lesdits motifs vûs & examinez, estre par Sa

Majesté ordonné ce qu'il appartiendra, toutes choses jusqu'à ce demeurant en estat.

Du 11. May 1734.

Arrest du Conseil, qui évoque & renvoye à la cour des Comptes, Aydes & finances de Dole, l'assignation donnée à Louis Bourgeois adjudicataire des fermes generales-unies, le 23. novembre 1732. à la requeste du sieur Estienne Bazin, sous-fermier des sels Rozieres du bailliage de Besançon, pour proceder au parlement de Besançon, tant sur l'appel du visa du juge des salines de Salins, que sur celuy des decrets d'adjournemens personnels par luy décernez contre les autheurs de la rebellion arrivée lors de la capture qui fut faite dudit Bazin, en vertu d'une contrainte décernée contre luy par le fermier; ensemble l'assignation donnée au procureur du Roy en la jurisdiction des salines de Salins, au mesme parlement de Besançon, à la requeste dudit Bazin; pour estre sur le tout fait droit aux parties, ainsi qu'il appartiendra; en consequence, fait deffenses au parlement de Besançon, d'en connoistre, & audit Bazin & à tous autres, de s'y pourvoir, à peine de nullité, cassation de procedures, & de tous despens, dommages & interests.

Du 15. May 1734.

Arrest du Conseil, portant qu'il sera tenu compte à Nicolas Desboves adjudicataire des fermes generales-unies, sur le prix de son bail de la ferme des gabelles de Dauphiné, de la somme de sept cens quatre-vingt-huit livres seize sols, par luy avancée pour reparations faites au Pont-marin, situé sur le ruisseau du mesme nom, en Dauphiné, & le chemin qui conduit dudit pont jusqu'à l'Isere.

Du 6. Juin 1734.

* Lettres patentes du Roy, *registrées en Parlement le 12. juillet*

juillet 1734. portant deffenses à tous habitans des provinces limitrophes de Bretagne, d'avoir, nourrir, ni élever aucuns chiens mâtins; enjoint à tous ceux qui en ont, de s'en défaire, à peine de cinq cens livres d'amende contre ceux chez qui il en sera trouvé, & d'estre punis comme faux-sauniers, suivant la rigueur des ordonnances: à l'effet de quoy permet aux commis & préposez de Nicolas Desboves adjudicataire des fermes generales-unies, de faire des visites dans les maisons, pour dresser leurs procez-verbaux des contraventions aux dispositions desdites lettres patentes.

Du 8. Juin 1734.

Arrest du Conseil, qui évoque & renvoye pardevant le sieur de la Briffe Intendant & Commissaire départi dans la province du duché de Bourgogne, la procedure en inscription de faux, formée par le sieur Curtil en qualité de Procureur du Roy des gabelles à Bourg, contre un procès verbal des employez des fermes au poste d'Arnans, contre les nommez Morisson & Mussy faux-sauniers, arrestez en campagne avec quatre-vingt-trois livres de faux sel: Permet audit sieur Commissaire départi, de subdeleguer pour l'instruction, & de commettre pour faire les fonctions de Procureur du Roy en ladite commission, tels officiers ou graduez qu'il voudra choisir: & ordonne en outre, que les procedures commencées, en quelque jurisdiction que ce soit, pour raison de ce, seront incessamment remises au greffe de ladite commission, &c.

Du 11. Juin 1734.

Arrest de la cour des Aydes de Paris, qui reçoit Nicolas Desboves adjudicataire des fermes generales-unies & de celle du tabac, ensemble les nommez François Bouchard brigadier des fermes & gabelles au poste d'Ardenay, Deschamps, Benoist & Antoine Parisel, gardes de ladite brigade, appellans du décret d'adjournement personnel decerné contre lesdits employez, par les officiers du grenier à sel de Montsaugeon, le 31. decembre 1733. tient l'appel pour bien relevé; leur permet d'intimer sur iceluy, qui bon leur semblera; renvoye lesdits Bouchard, Parisel, Deschamps & Benoist dans les fonctions de leurs emplois, en subissant par eux interrogatoires en estat d'adjournement personnel : & ordonne en outre que les procedures commencées en l'election de Langres, à la requeste de Nicolas Desboves adjudicataire des fermes generales-unies, pour raison d'une saisie de faux sel & de faux tabac, seront continuées.

Du 13. Juin 1734.

Lettres patentes *regiſtrées en la cour des Aydes de Roüen, le 9. juillet 1734.* qui ordonnent l'execution des articles III. de la declaration du 6. decembre 1707. & XXX. de celle du premier aoust 1721. en consequence, ordonnent que tous commis & employez des fermes, ayant serment en justice, pourront, en quelque lieu qu'ils se trouvent, mesme hors du ressort de la cour superieure, ou jurisdiction subalterne où ils auront presté serment, arrester tous vendeurs ou porteurs de faux tabacs, saisir lesdits tabacs, & en dresser des procez-verbaux; lesquels estant bien & dûëment affirmez, seront crus, & feront foy en justice, jusqu'à inscription de faux, dont la connoissance néantmoins appartiendra à l'election, & aux juges des fermes dans le ressort desquels la saisie aura esté faite: deffendent à tous juges d'annuller les procez-verbaux des commis des fermes & de la regie du tabac, sous pretexte que leurs noms n'auroient point esté inscrits dans des tableaux déposez aux greffes des elections, greniers à sel, jurisdictions des traittes, & autres sieges, à peine de nullité des jugemens, de mille livres d'amende, & de tous despens, dommages & interests contre lesdits juges.

Du 30. Juin 1734.

* Jugement rendu en dernier ressort par M. de la Bourdonnaye Intendant de la generalité de Roüen;

Qui condamne aux galeres les nommez Henry Loque habitant de l'isle de Guernesey, & capitaine de la chaloupe ou brigantin appellé le Pardaillan, & Guillaume Desrues, dit Dumesnil, habitant de Honfleur, pour crime de faux-saunage & de contrebande; confisque les sels, tabacs & autres marchandises, ensemble le brigantin sur lequel elles estoient chargées; le tout saisi & arresté en mer à un quart de lieuë de terre, par les employez de la patache de Dieppe: & condamne en outre lesdits Loque & Dumesnil solidairement en deux mille livres d'amende, & aux despens.

Du 17. Juillet 1734.

Jugement rendu par M. de Tourny Intendant en la generalité de Limoges, qui prononce la peine de mort contre les nommez Anne Beaugeraud, Martin Rayon, & Michel Champagnac, pour avoir esté convaincus du crime de faux-saunage avec attroupement, au nombre de plus de cinq, armez de fusils, pistolets & bayonnettes, conduisant une grande quantité de chevaux, & d'avoir commis sur leur passage plusieurs violences & excez.

Declare la contumace bien & dûëment instruite contre vingt-deux quidams armez & attroupez, aussi convaincus du mesme crime de faux-saunage; pour reparation de quoy, les condamne à estre pendus par effigie.

Condamne les nommez Gilbert Dupuy, Blaise Savein, Claude Merat, Denis Martin, François Grandgeaud, Antoine Guilhot, Jean Saturnin & autres, à servir le Roy sur ses galeres, à perpetuité, pour avoir esté atteints & convaincus d'estre venus du pays de gabelle, dans la province de Limosin, attroupez & armez, conduisant une grande quantité de chevaux, avec ſacs & baſtines, à deſſein de faire le faux-ſaunage.

Declare la contumace bien & dûëment inſtruite contre ſoixante autres quidams armez & attroupez, atteints & convaincus d'eſtre venus des provinces de gabelle, en celle du Limoſin, pour faire le faux-ſaunage; pour reparation de quoy, les condamne à faire amende honorable, & aux galeres à perpetuité, prealablement marquez des lettres G. A. L. & attendu leur abſence, ordonne que le jugement ſera tranſcrit en un tableau, dans la place publique de Limoges.

Condamne les nommez Michel Teyniere & autres, à ſervir le Roy ſur ſes galeres, en qualité de forçats, pendant trois années, prealablement marquez des lettres G. A. L. & en trois cens livres d'amende envers l'adjudicataire des fermes du Roy.

Et les nommez Martial Bretagne, dit Breton, & autres, à eſtre mandez à la chambre, pour eſtre blaſmez : leur fait deffenſes de recidiver; & en outre en l'amende de trois cens livres envers le Roy.

Du 13. Juillet 1734.

Arreſt du Conſeil, qui authoriſe le ſieur François le Baud, à faire l'acquiſition de deux chaumieres appartenant à la nommée Anne Duproſt, veuve Floüet, & à André Dumont, moyennant le prix & ſomme de ſix cens livres pour celle de la veuve Floüet, & trois cens ſoixante livres pour celle d'André Dumont; & faute par eux de conſentir auxdites ventes, ordonne que l'arreſt tiendra lieu de contract de vente, en conſignant par ledit ſieur le Baud les ſommes cy-deſſus ſtipulées, pour eſtre l'emplacement des deux chaumieres, joint à celuy appartenant audit ſieur le Baud à la Ferté-lès-Saint-Vallery-ſur-Somme, ſur lequel il doit eſtre conſtruit trois ou quatre magaſins ou depoſts des ſels deſtinez à la fourniture des gabelles de France, conformement à l'arreſt du Conſeil du 3. mars 1733.

Du 13. Juillet 1734.

Arrest du Conseil, qui ordonne que par le sieur de la Bourdonnaye Intendant & Commissaire départi en la generalité de Roüen, il sera incessamment procedé à l'adjudication au rabais & moins disant, en la maniere accoustumée, des reparations à faire aux bastimens des deposts des sels à Roüen, suivant & conformement aux articles compris dans le devis qui en a esté dressé par le sieur Blondel architecte de Sa Majesté, le 15. may 1734. du prix desquels ouvrages les entrepreneurs seront payez sur les ordonnances dudit sieur de la Bourdonnaye, au fur & à mesure, ou après la reception desdits ouvrages, par les cautions de Nicolas Desboves adjudicataire des fermes generales-unies, auxquels il en sera tenu compte sur le prix de leur bail.

Du 20. Juillet 1734.

Arrest du Conseil, qui interdit le sieur Duval de la Prunelaye Procureur du Roy au grenier à sel de Saint-Florent-le-vieil, pour irregularitez par luy commises dans les fonctions de sa charge.

Du 20. Juillet 1734.

Arrest du Conseil, qui ordonne que le Procureur general du parlement de Bretagne envoyera au sieur Controlleur general des finances, les motifs d'un arrest de ladite cour du 12. Fevrier 1734. qui a infirmé une sentence du depost de Fougeres, du 6. may 1733. par laquelle le nommé Gilles Bazin faux-saunier, avoit esté condamné en cinq cens livres d'amende, & en la confiscation d'un cheval chargé de sel blanc de Bretagne, qu'il conduisoit dans les deux lieuës limitrophes de la province de Normandie; pour, lesdits motifs vûs & examinez, estre par Sa Majesté ordonné ce qu'il appartiendra, toutes choses jusqu'à ce demeurant en estat.

Du 3. Aoust 1734.

* Arrest du Conseil, concernant le dixieme des appointemens des commis & employez des fermes generales-unies.

Du 24. Aoust 1734.

* Arrest du Conseil, qui declare que les commandemens faits aux redevables des droits des fermes du Roy, à la requeste de ses fermiers & sous-fermiers, continuëront d'estre controllez par les commis au controlle des exploits, pourvû qu'ils lsoient presentez dans le neuvieme jour de leur date : fait très-expresses deffenses auxdits commis, d'en refuser le controlle dans ledit temps, à peine de demeurer responsables des dommages & interests desdits fermiers & sous-fermiers, & d'interdiction: ordonne que conformement au tarif annexé à la declaration du 17. fevrier 1688. lesdits redevables ne pourront estre contraints à payer les frais desdits commandemens, pas mesme le timbre, lorsqu'ils acquiteront lesdits droits dans le huitieme jour de la date desdits commandemens.

Du 24. Aoust 1734.

Arrest du Conseil, qui ordonne que par le sieur de la Galaisiere Intendant & Commissaire départi en la generalité de Soissons, il sera procedé à l'adjudication au rabais & moins disant, en la maniere ordinaire, des travaux & autres ouvrages pour la construction des corps-de-garde & barrieres necessaires pour placer des brigades d'employez des fermes le long du canal de Picardie, aux differens passages par où la fraude pourroit s'introduire; desquels ouvrages & constructions, l'entrepreneur sera payé sur les ordonnances dudit sieur Commissaire départi, par M.e Nicolas Desboves adjudicataire des fermes generales-unies, auquel il en sera tenu compte sur le prix de son bail, en rapportant l'expedition ou copie collationnée dudit arrest, les devis estimatifs, les procez-verbaux d'adjudication & reception desdits ouvrages, les ordonnances dudit sieur Intendant, & les quitances sur ce suffisantes.

Du 24. Aoust 1734.

Arrest du Conseil, pour faire expedier au profit de Pierre Carlier adjudicataire general des fermes-unies, une ordonnance de comptant sur le garde du tresor royal en exercice, de la somme de vingt mille cent quinze livres trois sols quatre deniers, à laquelle monte en total le prix des quantitez de sel, delivrées par extraordinaire, tant à l'hospital general de Roüen, qu'à celuy de Caën; laquelle somme luy sera payée en une quitance comptable, sur & en déduction du prix de son bail.

Du 24. Aoust 1734.

Arrest du Conseil, qui commet le sieur Dodart Intendant & Commissaire départi en la generalité de Bourges, pour instruire & juger souverainement & en dernier ressort, le procès aux autheurs, complices, fauteurs, participes ou adherans, des voyes de fait mentionnées dans le procès-verbal des employez des fermes en ladite generalité, du 2. juillet 1734. & jours suivans, & de la spoliation faite près la paroisse de Montreau, par un grand nombre de particuliers armez, de six faux-sauniers condamnez aux galeres, que lesdits employez conduisoient à Bourges: pour y estre attachez à la chaisne, circonstances & dependances, en appellant avec luy le nombre de graduez requis par l'ordonnance: évoque & renvoye pardevant le sieur Commissaire départi, toutes les procedures qui pourroient avoir esté commencées pour raison de ce, en quelque jurisdiction que ce soit, &c.

Du 14. Septembre 1734.

Arrest du Conseil, qui ordonne que les mesureurs & porteurs de sel du grenier & des ports de la ville de Caën, remettront dans huitaine, ès mains de M. le Controlleur general des finances, les titres en vertu desquels ils pretendent faire, à l'exclusion de tous autres, & contre la disposition des arrests du Conseil des 10. juin 1684. 13. juillet 1688. 18. fevrier 1727. & autres reglemens, les emplacemens & relevemens des sels dans les deposts de ladite ville de Caën: leur fait deffenses de se pourvoir ailleurs qu'au Conseil, sur l'appel par eux interjetté des sentences contr'eux renduës les 15. juillet 1733. 23. juin & 5. juillet 1734. pour raison de leurs pretentions: & permet par provision à l'adjudicataire des fermes, ses procureurs, commis & entrepreneurs, de se servir de tels ouvriers qu'ils jugeront à propos, pour lesdits mesurages, emplacemens & relevemens des sels.

Du 16. Septembre 1734.

* Départemens de M.rs les fermiers generaux pour le service des fermes royales-unies, pendant la troisieme année du bail de M.e Nicolas Desboves.

Du 20. Septembre 1734.

Jugement souverain, rendu par le sieur de la Briffe Intendant du duché de Bourgogne, qui, sans avoir égard à l'inscription de faux formée d'office par le sieur Curtil Procureur du Roy des gabelles de Bourg en Bresse, le 7. octobre 1733. contre le procès-verbal des employez de la brigade d'Arnans, du 22. septembre precedent, ni au jugement du 10. du mesme mois, qui en admet les moyens de faux; declare nulle ladite inscription, ensemble le jugement & tout ce qui s'en est ensuivi; & condamne les nommez Antoine Morisson & Jean Mussy journaliers, de la paroisse de Cize en Bresse, à la confiscation

confiſcation au profit de Nicolas Deſboves, de quatre-vingt-trois livres de faux ſel, ſur eux ſaiſis, en l'amende de deux cens livres ſolidairement, & aux deſpens.

Du 21. Septembre 1734.

Arreſt du Conſeil, qui liquide à la ſomme de ſoixante-treize mille vingt-huit livres dix-ſept ſols onze deniers, l'indemnité dûë à Nicolas Deſboves adjudicataire des fermes generales-unies, pour le ſupplement du prix des ſels par luy fournis aux Cantons Suiſſes catholiques & au Chapitre de Beſançon, pendant la premiere année de ſon bail, commencée au premier octobre 1732. & finie au dernier ſeptembre 1733. pour valeur de laquelle il luy ſera expedié une ordonnance de comptant ſur le garde du treſor royal en exercice, qui ſera convertie en une quitance comptable, ſur & en déduction du prix de ſon bail.

FIN.

TABLE
DES
EDITS, DECLARATIONS,
ARRESTS ET REGLEMENS

RENDUS pendant la seconde année du Bail de M.e NICOLAS DESBOVES,

Commencée le premier Octobre 1733. & finie le dernier Septembre 1734.

CONCERNANT les Aydes, Entrées, Pied-fourché, & Droits y joints; Papier & Parchemin timbrez; Domaine, & Barrage & Poids-le-Roy, Domaines de Flandre; Marque d'Or & d'Argent; Marque des Fers; Imposts & Billots de Bretagne; Droits sur le poisson; Droits restablis aux Entrées & sur les Ports, Quays, Halles, Places & Marchez de la Ville & Fauxbourgs de Paris, & alienez aux Officiers créez par Edit du mois de Juin 1730. Inspecteurs aux Boucheries & des Boissons; Courtiers, Commissionnaires & Jaugeurs de Futailles; Droits appartenans à la Ville de Paris, à l'Hospital general, & à l'Hostel-Dieu, &c.

Du 6. Octobre 1733.

* SENTENCE renduë par les Prevost des marchands & Eschevins de la ville de Paris, qui condamne Guillaume-Jean-Baptiste Besnard marchand de bois au port Saint-

Denis-Maisons-Seine, & Jean Daniel marchand marinier, chacun en cent livres d'amende, pour avoir par ledit Besnard, fait arriver & mettre dans son chantier au port Saint-Denis, des bois & cotrets sans lettres de voiture en bonne forme, sans permission, & sans avoir fait declaration au bureau des officiers-mouleurs de bois; & par ledit Daniel, estre parti du lieu du chargement sans lettres de voiture, avoir vendu & debité au Gros-caillou & ailleurs, six mille six cens cotrets, sans permission ni declaration.

Du 23. Octobre 1733.

* Départemens de M.rs les fermiers generaux pour le service des fermes royales-unies pendant la seconde année du bail de M.e Nicolas Desboves. Arresté à Fontainebleau par M. Orry Controlleur general des finances.

Du 27. Octobre 1733.

* Arrest du Conseil, qui en casse un de la cour des Aydes de Paris, du 17. juillet 1732. par lequel ladite Cour avoit jugé que les delais accordez par les lettres patentes des 4. juin 1726. & 2. mars 1728. aux soûmissionnaires, pour rapporter au fermier des aydes, les certificats de descharge des eaux-de-vie au lieu de la destination, ne concernent que les eaux-de-vie destinées pour passer par mer à l'estranger; avoit deschargé François Marchandy, de Paillé en Poitou, du quadruple des droits d'aydes des eaux-de-vie par luy enlevées dudit lieu, pour Dunkerque, auquel il avoit esté condamné par sentence des élûs de Niort, du 6. septembre 1731. faute d'avoir rapporté lesdits certificats & l'acquit des droits de sortie desdites eaux-de-vie; avoit accordé audit Marchandy un nouveau delay d'un mois, pour le rapport desdits certificats, & avoit compensé les despens.

Ledit arrest du Conseil ordonne que ladite sentence des élûs de Niort sera executée, & condamne Marchandy aux despens.

Du 27. Octobre 1733.

Arrest du Conseil, qui, par grace & sans tirer à consequence, accorde à l'hospital general de Paris, pendant l'année 1733. l'exemption des droits d'entrée, droits restablis, & de ceux du pont de Joigny, pour quatre cens muids de vin, outre celle qui luy a esté accordée pour la quantité de mille muids, dont il a droit de joüir annuellement.

Du 27. Octobre 1733.

Arrest du Conseil, qui fixe la finance des cent vingt offices de conseillers du Roy, inspecteurs, controlleurs & visiteurs generaux des vins, eaux-de-vie & autres boissons, auxquels ont esté reduits les onze cens deux offices restant à vendre du nombre des trois mille cent quatre-vingt-dix-sept créez & restablis par edit du mois de juin 1730. sur les ports, quais, chantiers, halles, places, foires & marchez de la ville, fauxbourgs & banlieuë de Paris: & regle les emprunts que lesdits officiers sont authorisez de faire, tant pour le prix desdits offices, que pour le surplus de la finance à laquelle est fixée la valeur des droits à eux attribuez, &c.

Du 12. Novembre 1733.

* Arrest du Conseil, qui supprime la compagnie des arquebusiers de la ville de Laon; & leur deffend de s'assembler à l'avenir en quelque lieu & sous quelque pretexte que ce puisse estre, sous les peines portées par les ordonnances.

Du 17. Novembre 1733.

Arrest du Conseil, qui ordonne, conformement à celuy du 3. mars 1733. que les syndics ou marguilliers de la paroisse de Cergy, seront tenus de donner chaque année, dans le mois, à compter du jour de l'ouverture des vendanges, au bureau du fermier, une declaration d'eux signée, des vins que tous les habitans de ladite paroisse, sans aucune exception, auront en leur possession, tant de la recolte de l'année, que des recoltes des années precedentes, si mieux ils n'aiment souffrir les inventaires, conformement à l'arrest du 11. novembre 1732. Et faute par eux d'avoir fait leur declaration dans ledit temps, permet au fermier de faire, à l'expiration du mois, proceder auxdits inventaires, sous les peines portées par l'ordonnance.

Du 17. Novembre 1733.

Arrest du Conseil, qui homologue la deliberation prise le 9. janvier 1733. par les marchands brasseurs de biére de la ville & fauxbourgs de Paris; en consequence, ordonne qu'ils ne pourront se servir à l'avenir d'autres futailles que de demi-muids, quarts & au-dessous, de bonne jauge, soit pour l'entonnement, soit pour la vente; & leur deffend de se servir d'aucunes demi-queuës indistinctement, à peine de confiscation & de cinq cens livres d'amende contre chacun des contrevenans.

Du 18. Novembre 1733.

* Arrest de la cour des Comptes, Aydes & Finances de Normandie, qui fait deffenses de tenir des chevaux à l'attache, & de leur fournir foin & avoine; & condamne un particulier, pour y avoir contrevenu & avoir insulté les employez, en cinquante livres d'amende, avec despens, &c.

Du 21. Novembre 1733.

* Ordonnance renduë par M. le Lieutenant general de police de la ville de Paris, qui interdit l'entrée sur le carreau de la vallée, à Claude Dollet marchand forain de volaille, pour six mois, pendant lequel temps il luy est deffendu d'y apporter ni vendre aucunes marchandises de volaille, à peine d'emprisonnement: & le condamne en trente livres d'amende, cinquante livres de dommages & interests envers les

officiers de la volaille, & aux despens: & luy deffend & à tous autres marchands forains de la volaille, d'insulter ni troubler les commis desdits officiers dans les fonctions de leurs emplois, &c.

Du 24. Novembre 1733.

* Ordonnance de M.rs les Prevost des marchands & Eschevins de la ville de Paris, qui enjoint à tous marchands forains qui ont amené des vins en ladite ville, & qui en feront arriver à l'avenir, de les faire descharger des bateaux & entrer en la halle à ce destinée, à l'instant qu'ils auront esté mis à port, à peine de trois cens livres d'amende.

Du mois de Decembre 1733.

* Lettres patentes, qui confirment l'establissement ordonné par l'edit du mois de juin 1613. d'une compagnie d'arquebuse, en la ville & fort de Meulan; & accordent aux capitaine, lieutenant & enseigne, l'exemption de la collecte des tailles, tant qu'ils seront en place; & que celuy qui aura abbatu l'oiseau, joüira de la mesme exemption, pendant une année seulement.

Du premier Decembre 1733.

Arrest du Conseil, pour faire expedier aux cautions de Remy Barbier, chargé de la regie des droits attribuez aux offices créez sur les ports & quays de la ville de Paris, par edit de juin 1730. une ordonnance sur le tresor royal, de la somme de trois mille deux cens soixante livres huit sols, pour luy tenir lieu des droits non payez sur cinq cens trente-deux pieces de bois de construction, arrivées à Paris, & envoyées à l'arsenal du Havre, en vertu des passeports du Conseil: & ordonne que ladite somme leur sera payée en une assignation sur le prix du bail de la deuxieme année dudit Barbier.

Du 2. Decembre 1733.

* Ordonnance de M.rs les Prevoſt des marchands & Eſchevins de la ville de Paris, pour faire publier dans ladite ville, la ferme des anciens droits d'octrois de la ville de la Rochelle, avec l'augmentation du tiers en ſus d'iceux, pour le temps & eſpace de quatre années, à commencer du premier janvier 1734. au pied de laquelle ordonnance eſt l'affiche contenant le tarif deſdits droits.

Du 4. Decembre 1733.

* Lettres patentes ſur arreſt du Conſeil du 30. octobre 1731. qui permettent aux fermiers & ſous-fermiers des droits des fermes du Roy, de ſe ſervir de tels huiſſiers & ſergens royaux que bon leur ſemblera, meſme hors l'eſtenduë des juriſdictions où les huiſſiers ou ſergens ſont immatriculez; à l'exception néantmoins de ceux des juſtices ſeigneuriales, qui ne pourront faire de pourſuites ailleurs que dans l'eſtenduë des juſtices où ils ont pouvoir d'exploiter; & à la reſerve des procedures qui ſeront faites de procureur à procureur, nonobſtant la declaration du premier Mars 1730. & les edits & declarations qui peuvent avoir eſté rendus en faveur des huiſſiers-priſeurs & vendeurs de meubles, & autres huiſſiers, auxquels il eſt dérogé pour ce regard ſeulement: Sa Majeſté validant, en tant que beſoin eſt ou ſeroit, les pourſuites qui ont eſté faites en conformité deſdits arreſt & lettres patentes.

Rigiſtrées au parlement de Bretagne, le 30. Janvier 1734.

En la cour des Aydes de Clermont-Ferrand, le premier Fevrier 1734.

En la cour des Comptes, Aydes & Finances de Montpellier, le 6. Fevrier 1734.

En la cour des Comptes, Aydes & Finances de Provence à Aix, le 8. Fevrier 1734.

Au Conseil souverain de Roussillon, le 9. Fevrier 1734.

En la cour des Aydes & Finances de Montauban, le 10. Fevrier 1734.

En la cour des Aydes de Bordeaux, le 10. Fevrier 1734.

Au parlement de Grenoble, le 11. Fevrier 1734.

Au parlement & cour des Aydes de Dijon, le 12. Fevrier 1734.

Au parlement de Pau le 20. Fevrier 1734.

Au parlement de Metz, le 22. Fevrier 1734.

Du 8. Decembre 1733.

* Arrest du Conseil, qui ordonne, conformement aux articles III. XV. & XVI. du titre VI. de l'ordonnance de 1687. & en interpretant, en tant que besoin seroit, l'arrest du Conseil du premier avril 1727. que tous proprietaires, maistres de forges, marchands trafiquant en fer, & leurs voituriers, qui voudront faire enlever ou transporter des fers, fontes, aciers, & quinquailleries dans les quatre lieuës des limites & frontieres des pays estrangers, ou provinces du royaume non sujettes auxdits droits de marque, seront tenus d'en faire declaration au premier ou plus prochain bureau, s'il n'y en a point d'establi dans le lieu du chargement; d'y prendre acquits à caution, ou passavans, qui contiendront les quantitez & qualitez de marchandises qu'ils enleveront, le lieu de leur destination, & de rapporter les acquits à caution bien & dûëment visez & deschargez, dans les temps portez par lesdits acquits, à peine de confiscation des marchandises, chevaux & équipages, & de cinq cens livres d'amende: confisque au profit du fermier de la marque des fers, deux mille deux cens trente-une livres de fer, saisi sur Jean Noël voiturier par terre, demeurant à Bazeilles, par procès-verbal du 22. aoust 1733. ensemble les chevaux, bœufs, harnois & équipages: & condamne Theodore Sacrelaire marchand à Sedan, & ledit Noël son voiturier, solidairement en cinq cens livres d'amende, &

aux despens faits en la jurisdiction de la marque des fers de Sedan.

Du 15. Decembre 1733.

* Arrest du Conseil, qui ordonne, sans s'arrester à la sentence du juge de la marque des fers au département du Mans, du 2. juin 1733. ni à l'appel interjetté en la cour des Aydes de Paris, le 8. du mesme mois, que les gueuses saisies par le procès-verbal du 4. avril precedent, sur le sieur du Tertre, maistre de la forge d'Hermet, pour s'estre servi d'une fausse romaine, seront & demeureront confisquées au profit du fermier de la marque des fers: & condamne en outre ledit sieur du Tertre en cent livres d'amende, & aux despens.

Du 18. Decembre 1733.

* Sentence de l'election d'Estampes, par laquelle, sans avoir égard aux opposition & demande de Jean-Baptiste Fournier cabaretier à Montlhery, ordonne que la contrainte décernée par le fermier des aydes de la generalité d'Orleans, le 14. mars precedent, en consequence de l'article XIII. du titre IV. de la vente en gros, & du transport du vin, de l'ordonnance du mois de juin 1680. pour la somme de soixante-six livres deux sols trois deniers, à quoy se sont trouvé monter les droits de gros, augmentation, jauge, courtage, & quatre sols pour livre, de la quantité de vingt-deux poinçons de vin recueilli par ledit Fournier, sur le terroir d'Etrechy, dépendant de l'election d'Estampes, lieu sujet aux droits de gros, & qu'il a fait transporter dans son cabaret à Montlhery dépendant de l'election de Paris, sera executée selon sa forme & teneur; & en consequence, qu'il sera passé outre à l'execution d'icelle, aux cautions du bail.

Du 22. Decembre 1733.

* Declaration du Roy, qui supprime, à commencer au premier

premier janvier 1734. les droits de deux sols par chaque voye de charbon de bois, dont la perception avoit esté ordonnée au profit de l'hospital general de la ville de Paris, par les declarations des 3. janvier, 21. decembre 1728. 20. decembre 1729. 26. novembre 1730. 18. decembre 1731. & 2. decembre 1732. & continuë pendant l'année 1734. la levée & perception de dix sols par chaque voye de bois à brûler, qui sera venduë sur les ports, quays & chantiers de la ville de Paris, payables moitié par le vendeur, & moitié par l'acheteur.

Du 22. Decembre 1733.

Arrest du Conseil, qui déboute le sieur des Rochers-Foucon, president au grenier à sel de Falaise, de ses demandes: ordonne l'execution de l'edit du mois d'aoust 1715. portant revocation des privileges accordez aux offices dont la premiere finance est au-dessous de dix mille livres; de l'arrest du Conseil du 29. septembre 1722. qui explique les exemptions dont les officiers des greniers à sel doivent joüir; de celuy du 7. juin 1723. qui assujettit le sieur des Rochers-Foucon, au payement des droits du tarif de ladite ville: declare définitive l'ordonnance provisoire renduë par le sieur Lallemant de Levignan Intendant & commissaire départi en la generalité d'Alençon, le 28. novembre 1733. en faveur de l'adjudicataire des droits du tarif; & en consequence, ordonne que ledit sieur des Rochers-Foucon sera tenu de payer à l'avenir les droits du tarif de ladite ville, sur les denrées & boissons qu'il y fera entrer pour sa consommation.

Du 23. Decembre 1733.

* Arrest de la cour des Monnoyes, qui proroge d'un mois le temps porté par les lettres patentes du mois de novembre 1733. pour faire marquer, tant au bureau de la marque d'or,

qu'à celuy de la maison commune, les ouvrages d'or & d'argent y specifiez.

Du 29. Decembre 1733.

Arrest du Conseil, qui ordonne que la veuve Fruleux & le sieur Fruleux son fils, & la veuve & heritiers Marcotte, seront tenus, chacun à leur égard, de fournir aux sieurs Lelez du Plessis & Palizot d'Athis, successivement receveurs generaux des domaines de Haynaut, Flandre & Artois, un estat fidelle de tous les droits seigneuriaux casuels par eux perçûs depuis l'edit du mois de may 1715. à cause du fief & seigneurie des domaines de Lens, d'Andrieux & Bredenarde, adjugez aux deffunts sieurs Fruleux & Marcotte, & d'en remettre le montant auxdits sieurs Lelez & Palizot, avec les interests du jour de la perception; desquels droits lesdits receveurs seront tenus de faire raison de quatorze sols pour livre, aux fermiers generaux & sous-fermiers des domaines de Haynaut, Flandre & Artois, proportionnement à ce qui leur en revient à chacun pendant le cours de leurs baux: fait deffenses aux veuves & heritiers Fruleux & Marcotte, de s'immiscer à l'avenir dans la perception desdits droits, dûs & eschûs, ou qui escherront cy-après, pour mutation de fiefs & seigneuries; sauf à eux à se pourvoir sur leurs demandes en indemnité, ou en résiliation des adjudications à eux faites, ainsi qu'ils aviseront bon estre. Permet auxdites veuves & heritiers Fruleux & Marcotte, de percevoir directement par eux-mesmes, des redevables, les droits de mutation, eschûs & à escheoir, à cause des rotures dépendantes desdits domaines, sans aucune déduction des six sols pour livre, pretendus par les receveurs generaux & autres officiers du domaine. Declare ladite veuve & heritiers Fruleux, exempts en entier des droits de mutation, pretendus sur la terre de Souchet, acquise par le feu sieur Fruleux Secretaire de Sa Majesté près le Conseil provincial d'Artois.

Du 29. Decembre 1733.

Arrest du Conseil, qui déboute Antoine de la Barre, caution de deffunt Louis de Marines, directeur des aydes à Lisieux, de son opposition à l'arrest du Conseil du 30. janvier precedent, par lequel il a esté condamné à payer à Louis Bourgeois, subrogé à Charles Cordier, une somme de douze cens quarante-deux livres treize sols onze deniers, pour restablissement & correction d'une erreur de pareille somme, faite au prejudice dudit Bourgeois, à l'estat final du compte du produit de la formule de l'election de Lisieux, de l'année commencée le premier octobre 1724. rendu aux fermiers generaux du bail dudit Bourgeois, par ledit feu sieur de Marines: & ordonne que ledit arrest sera executé selon sa forme & teneur, sauf le recours dudit la Barre contre les heritiers dudit de Marines.

Du mois de Janvier 1734.

* Edit du Roy, *registré en Parlement le 3. Mars 1734.* qui confirme les Chevaliers de l'Ordre du Saint Esprit dans leurs anciens privileges, & particulierement dans l'exemption du dixieme, en payant la somme d'un million: Et création de deux offices de tresoriers generaux du marc d'or, & de deux controlleurs desdits tresoriers; *contenant huit articles.*

Du 1734.

* Instruction & tarif des droits d'entrée qui doivent estre perçûs sur les vins & boissons venant par terre, & destinez pour les bourgeois, habitans, cabaretiers & vendans vin, demeurant hors les portes & barrieres de la ville & fauxbourgs de Paris, conformement à l'ordonnance des Aydes de 1680. declarations & arrests depuis intervenus.

Du 5. Janvier 1734.

* Arrest du Conseil, qui ordonne que les abonnemens & compositions qui ont esté faits pour droits de détail par les sous-fermiers des aydes, dans les trois lieuës limitrophes des generalitez qui ne sont point partie de leurs fermes, demeureront résiliez, à commencer du premier avril 1734. & leur fait deffenses de les continuer & d'en faire de nouveaux, à peine de mille livres d'amende, qui appartiendra au sous-fermier des lieux qui seront les plus proches de ceux où lesdits abonnemens ou compositions auront esté faits.

Du 8. Janvier 1734.

* Sentence de M. le Lieutenant general de police de la ville de Paris, portant reglement pour les compagnons orfevres; leur enjoint de se retirer chez les maistres, pour y travailler à la semaine ou au mois, & non à leurs pieces ou à leur tasche, à peine de trois cens livres d'amende, & de confiscation de leurs ouvrages & outils pour la premiere fois, & de punition exemplaire en cas de récidive; deffend aux maistres de les recevoir sous d'autres conditions: deffend pareillement auxdits compagnons, d'avoir, ni prendre avec eux aucuns autres compagnons, apprentifs ou alloüez, ni de travailler, entreprendre, acheter, vendre & livrer pour leur compte, aucunes matieres d'or, d'argent, pierreries, perles, ni ouvrages d'orfevrerie; & aux maistres orfevres & veuves de maistres, de les proteger, sous aucun pretexte, soit en les aydant de leur poinçon, ou leur prestant leur nom, à peine de confiscation des ouvrages, & d'amende contre les compagnons, & de deschéance de maistrise contre les maistres & veuves, &c.

Des 12. May 1733. & 26. Janvier 1734.

* Arrests du Conseil, qui ordonnent que les droits de peage

establis au profit du Roy sur le pont provisionnel de Mantes, seront payez suivant le tarif annexé audit arrest, par toutes sortes de personnes, de quelque qualité & condition qu'elles soient, exemptes & non exemptes, à peine de desobéissance, & d'estre extraordinairement procedé contr'eux, en cas de rebellion; à l'exception néantmoins des officiers & archers des mareschaussées, & des commis des fermes du Roy, qui en seront & demeureront exempts & deschargez.

Du 30. Janvier 1734.

* Arrest du Conseil, qui ordonne que les droits dûs aux officiers visiteurs, controlleurs & marqueurs de papier, pour trente rames de papier saisies sur le sieur Aubin de la Forest, seront acquitez à raison de dix sols la rame. Ordonne en outre, par provision, & jusqu'à ce qu'il en soit autrement ordonné, que le papier grand-royal, de la dimension de vingt-trois pouces neuf lignes de large, sur dix-huit pouces de haut, payera dix sols par rame sans distinction de poids: & que tout papier qui excedera de deux lignes, soit en largeur, ou en hauteur, la dimension cy-dessus prescrite, payera vingt sols par rame, comme le papier appellé petite fleur-de-lys.

Du 9. Fevrier 1734.

Arrest du Conseil, qui, sans s'arrester à celuy de la cour des Aydes de Roüen du 7. aoust 1733. ordonne l'execution de la sentence des élûs du Pont-de-l'Arche, du 29. decembre 1733. par laquelle le sieur le Gendre receveur de Marcey & de Port-Pinché, a esté declaré non-recevable dans une inscription de faux par luy formée contre un procès-verbal des commis aux aydes de l'election du Pont-de-l'Arche, portant saisie de trente-cinq muids de vin trouvez entreposez chez luy sans congé de courtiers-jaugeurs, ni quitance des droits de riviere: renvoye les parties à proceder en ladite election sur le procès-verbal, jusqu'à jugement définitif, sauf l'appel à ladite cour des Aydes.

NOTA. Que le procès-verbal avoit esté fait par les commis, en presence du President & du Greffier de l'election, & que les moyens de faux estoient fondez sur ce que le sieur le Gendre pretendoit que les vins saisis estoient les mesmes que ceux trouvez chez luy lors du dernier inventaire, & qu'ils estoient clairs-fins, au lieu que par le procès-verbal il estoit constaté qu'ils estoient troubles, & venoient d'estre deschargez d'un bateau garré à la porte dudit sieur le Gendre; & dans lequel bateau il restoit encore plusieurs pieces de vin.

Du 12. Fevrier 1734.

* Ordonnance de M. le Lieutenant general de police de la ville de Paris, qui renouvelle les deffenses à tous limonadiers, marchands de vin, cabaretiers, vendeurs d'eau-de-vie, & autres, de donner à boire chez eux après les heures marquées par l'arrest du Parlement du 10. fevrier 1724. & les sentences & reglemens de police.

Des 15. Janvier 1733. & 17. Fevrier 1734.

* Sentence de l'election, & arrest de la Cour des Aydes de Paris:

Qui décident qu'un orfevre abonné pour les droits de marque & controlle de tous les ouvrages d'or & d'argent qu'il fera & vendra pendant son abonnement, doit, à l'expiration dudit abonnement, les droits des ouvrages qui se trouveront pour lors chez luy.

Du 17. Fevrier 1734.

* Arrest de la cour des Monnoyes, portant reglement pour l'orfevrerie: en consequence, fait deffenses à tous compagnons orfevres, de travailler pour leur compte; leur enjoint de se retirer chez les maistres orfevres, ou veuves de maistres, tenant boutique ouverte, pour y travailler à la semaine, ou au mois, & non à leurs pieces ou tasche; sans qu'ils puissent

fabriquer, vendre, ni débiter pour leur compte, aucuns ouvrages de leur profession, sous pretexte de protection des maistres orfevres, &c.

Du 23. Fevrier 1734.

Arrest du Conseil, qui ordonne qu'aucun des habitans de la paroisse de Cergy ne pourra y vendre vin & autres boissons en gros, qu'il ne signe en presence du buraliste, le congé qui luy sera délivré, s'il sçait signer, sinon que ledit congé ne soit signé par un autre habitant solvable & connu, faisant pour luy; le tout à peine de nullité des congez, & d'estre ceux qui en seront porteurs, condamnez en l'amende & en la confiscation portées par l'ordonnance; comme aussi à peine de cinquante livres d'amende contre le buraliste pour chaque contravention.

Du 23. Fevrier 1734.

Arrest du Conseil, qui casse & annulle les procedures faites devant le Lieutenant de la prevosté du Prieuré de Sainte-Honorine de Conflans, tant à la requeste de la veuve Pierre de la Croix, vendant vin en fraude des droits de détail, qu'à celle de Jean Pinard, Blanchet, Collet & autres, le procureur fiscal joint, contre Guillaume Boget & ses confreres commis des aydes au département de Conflans-Sainte-Honorine, pour raison d'une rixe arrivée entr'eux lors d'une visite faite par lesdits commis chez ladite veuve la Croix, & à l'occasion de la saisie d'un demi-muid de vin roulant sans congé.

Du 23. Fevrier 1734.

* Arrest de la cour de Parlement, portant reglement pour la vente du poisson dans la ville de Senlis; & en consequence, deffend, tant à Pierre Clery, Antoine Guichard, de Cambronne, Pierre Bruyant, Simon Clery, & Charles-Arnault

Saunage, détailleurs de poiſſon de mer, ſec & ſalé, dans ladite ville, qu'à tous autres marchands particuliers, de vendre, acheter, ni debiter ladite marchandiſe de poiſſon de mer, frais, ſec & ſalé, deſtinée pour la proviſion d'icelle, & pour y eſtre conſommée, qu'elle n'ait eſté auparavant, en arrivant, conduite à la halle, viſitée & venduë par Jean-Pierre de Briquegny juré vendeur de poiſſon de mer, frais, ſec & ſalé de la ville & banlieuë de Senlis, & qu'il n'ait pris ſes droits ſur le prix de la vente d'icelle.

Du 26. Fevrier 1734.

* Arreſt de la cour des Aydes, qui deſcharge le fermier des aydes d'Eſtampes, des condamnations contre luy prononcées par ſentence des elûs d'Eſtampes du 30. juillet 1733. declare les vins ſaiſis ſur la veuve Guillaume Breton, acquis & confiſquez au profit dudit fermier; condamne ladite veuve en vingt-cinq livres d'amende & aux deſpens, tant des cauſes principales, que d'appel.

NOTA. La ſentence avoit renvoyé le fermier de ſa demande avec deſpens, faute d'avoir obtenu permiſſion d'entrer chez ladite veuve ſurpriſe vendant vin en fraude, ſans declaration, & la ſaiſie conſiſtoit en deux poinçons de vin ſemblable à celuy des buveurs trouvez chez elle.

Du 16. Mars 1734.

* Arreſt de la cour de Parlement, qui ordonne l'execution de celuy du 23. fevrier precedent, portant reglement pour la vente du poiſſon, & le payement des droits dûs ſur iceluy dans la ville de Senlis: & en conſequence, fait très-expreſſes inhibitions & deffenſes à Pierre Bruyant détailleur de poiſſon de mer, frais, ſec & ſalé, en ladite ville, & à tous autres, d'y contrevenir, à peine d'empriſonnement, & de mille livres d'amende.

Du

Du 16. Mars 1734.

Arreſt du Conſeil, qui liquide à la ſomme de vingt-trois mille ſept cens ſoixante-deux livres huit ſols cinq deniers, les indemnitez dûës à Jean-Baptiſte Deſmaretz, cy-devant ſous-fermier des domaines de Flandre, Haynault & Artois, pour les années 1731. & 1732. à cauſe des moderations accordées aux redevables des eſpiers, ou rentes en grains, en execution des arreſts du Conſeil des 6. aouſt & 8. novembre 1701. & des rembourſemens faits à Sa Majeſté en execution des arreſts des 27. ſeptembre 1729. & 28. mars 1730. de laquelle ſomme de vingt-trois mille ſept cens ſoixante-deux livres huit ſols cinq deniers, il ſera tenu compte audit Deſmaretz par Pierre Carlier adjudicataire des fermes generales, & à luy par le Roy ſur le prix de ſon bail.

Du 19. Mars 1734.

* Contract, par lequel le Roy accepte un don gratuit de douze millions, fait par le Clergé, pour tenir lieu du dixieme de ſes revenus.

Declare que les regiſtres, rolles, départemens, exploits, procedures, jugemens, advertiſſemens, commandemens, aſſignations, ſaiſies, arreſts, executions, procurations, deliberations, & toutes les diligences qu'il conviendra faire pour raiſon & à l'occaſion de la levée, tant dudit don gratuit, que pour le recouvrement de toutes les impoſitions faites juſqu'à ce jour ſur le Clergé, pourront eſtre faits en papier non timbré, & ſeront deſchargez du droit de controlle des exploits.

Que les rentes qui ſeront conſtituées ſur le Clergé par les gens de main-morte, pour leſdits douze millions, ſeront exemptes de tous droits d'amortiſſement & de nouveaux acqueſts, de controlle, inſinuation & autres pareils droits, ainſi que les rentes qui ſeront par eux acquiſes, ou qui leur feront données & leguées à tel titre, pour quelque caufe & en quelque forte & maniere que ce puiffe eftre; à l'effet de quoy il eft dérogé à tous edits & declarations à ce contraires.

Que fi les rentes qui feront conftituées pour les douze millions, venoient à écheoir au Roy par droit d'aubaine, deshérence, baftardife, confifcation, forfaiture ou autrement, (aux exceptions portées par les lettres patentes du 23. mars 1734. expediées fur la deliberation du Clergé du 11. defdits mois & an) en ce cas, lefdites rentes feront & demeureront efteintes & amorties à la defcharge du Clergé; fans que les fermiers des domaines y puiffent rien pretendre, ni qu'elles puiffent eftre comprifes dans les dons que Sa Majefté pourroit faire, des biens fujets aux droits d'aubaine, deshérence, baftardife, confifcation, forfaiture, ou autres, fans qu'il foit befoin d'en faire une referve expreffe dans les baux des domaines, ni dans les brevets defdits dons; Sa Majefté faifant dès-à-prefent, don au Clergé defdits rentes & arrerages qui fe trouveroient dans quelques-uns des cas cy-deffus.

Que les ecclefiaftiques & beneficiers joüiront, conformement aux precedens contracts, de l'exemption de toutes impofitions mifes & à mettre fur les denrées, pour la defcharge des dettes des communautez, qui font ou feront dûës pour fubfiftance, taxes d'aifez, emprunts, eftapes & autres de cette nature; comme auffi qu'ils joüiront, enfemble les communautez feculieres & regulieres de l'un & l'autre fexe, des privileges & exemptions énoncez aux precedens contracts; & que les edits, declarations, arrefts & reglemens rendus en faveur du Clergé, fur le fait des tailles, aydes & du fel, foient executez; & fans que les edits, declarations & arrefts expediez pour fecours extraordinaires pendant la derniere & prefente guerre, en vertu defquels les ecclefiaftiques ont efté impofez, pour payer fur leurs benefices, des taxes particulieres, ou leur part des rachats desdits edits & arrests, puissent estre tirez à consequence contr'eux à l'avenir, sous quelque pretexte, & pour quelque cause que ce soit : & sera ledit contract, ainsi que les précedens, exempt de la formalité, & des droits d'insinuation & de controlle.

Du 23. Mars 1734.

* Arrest du Conseil, & lettres patentes, *registrées au Parlement le 30. mars 1734.*

Qui confirment & authorisent les deliberations de l'assemblée generale extraordinaire du Clergé de France, des 27. fevrier & 11. mars 1734. au sujet de la somme de douze millions de livres de don gratuit accordé à Sa Majesté, pour tenir lieu du dixieme de ses revenus ; declarent exemptes des droits d'amortissement, nouveaux acquests & autres, les rentes qui seront constituées par le Clergé, en consequence desdites déliberations, au profit des diocèses, beneficiers, communautez ecclesiastiques seculieres & regulieres, & autres gens de main-morte, ainsi que les rentes qu'ils pourront acquerir de celles qui seront constituées par le Clergé.

Exemptent des droits de controlle, insinuation & autres de cette nature, les contracts & autres actes qui seront passez par le Clergé general & par les diocèses, concernant l'emprunt des douze millions de don gratuit & choses en dépendantes.

Ordonnent que les advertissemens, commandemens, assignations, saisies, arrests, executions, quitances, registres, procurations, deliberations, & autres expeditions & diligences à faire pour raison du recouvrement de l'imposition ordonnée par lesdites deliberations, & de toutes les autres impositions faites jusqu'à ce jour sur le Clergé, continuëront d'estre faites en papier ou parchemin non timbré, & sans estre sujets au payement du controlle des exploits.

Du 23. Mars 1734.

Arreſt du Conſeil, qui liquide à la ſomme de huit mille ſept cens quarante-deux livres douze ſols, le prix de quatorze cens cinquante-ſept toiſes quatre pieds de terrein appartenant au nommé de Vaux & conſorts, ſitué au bout du cours, près Chaillot, ſur lequel il a eſté conſtruit divers baſtimens pour ſervir de bureaux & logemens aux commis de l'adjudicataire des fermes generales; & à ſept cens quarante-une livres deux ſols ſix deniers, celuy de cent cinq toiſes & demi treize pieds de pareil terrein, employé au meſme uſage, & appartenant au nommé Borde: deſquels terreins il ſera paſſé contract de vente au profit de Sa Majeſté, par leſdits Borde, de Vaux & conſorts, après la ſignification qui leur ſera faite dudit arreſt, ſinon ledit arreſt vaudra contract, & qu'en vertu d'iceluy, le Roy demeurera proprietaire incommutable deſdits terreins, en payant les prix cy-deſſus fixez & liquidez.

Du 23. Mars 1734.

Arreſt du Conſeil, pour faire expedier par le treſorier des revenus caſuels, au profit des officiers-jurez-porteurs de grains & farines de la ville de Paris, quatre-vingt-une quitances de finance; ſçavoir, quatre-vingt de la ſomme de vingt-un mille livres chacune, & une de la ſomme de deux millions.

Du 23. Mars 1734.

Arreſt du Conſeil, qui ordonne qu'en payant par les quatre vingt jurez-porteurs de grains & farines, leveurs de minots & autres meſures, & briſeurs de farines, les ſommes compriſes au rolle qui ſera arreſté au Conſeil, ils joüiront non-ſeulement de leurs droits & ſalaires reglez par l'arreſt & tarif du 15. octobre 1720. mais encore des autres droits portez au tarif attaché ſous le contre-ſcel de l'edit du mois de juin

1730. dont Sa Majesté s'estoit reservé la proprieté, & avoient esté joints & compris au bail de Pierre Carlier.

Du 24. Mars 1734.

* Ordonnance de Monsieur l'Intendant de la generalité de Paris, qui, conformement à la declaration du 4. may 1688. & à un arrest du Conseil du 24. may 1729. ordonne que tous particuliers domiciliez dans les hameaux & écarts des villes & paroisses sujettes aux droits d'entrée, ne pourront enlever les vendanges qu'ils recueilleront sur le territoire desdites villes & paroisses, pour les transporter en leur domicile dans lesdits hameaux & écarts, quoique non sujets aux droits, sans au préalable en avoir fait declaration, avec soûmission d'en payer les droits après la Saint-Martin d'hiver, à peine de confiscation & de trois cens livres d'amende.

Condamne trois particuliers à la confiscation de leur vendange enlevée sans declaration, & chacun en trois cens livres d'amende.

Du 30. Mars 1734.

* Arrest du Conseil, qui condamne le nommé Crevet vitrier demeurant ruë des Sept-voyes, & sa femme, en cent livres d'amende, pour avoir refusé d'ouvrir les portes de sa cave aux commis & préposez de Remy Barbier chargé de la regie des droits attribuez aux offices sur les ports & quais, créez par edit de juin 1730. pour faire la visite des vins qu'il a fait arriver en son nom, suivant l'ordre du sieur Herault Lieutenant general de police, Commissaire du Roy en cette partie; & en cinq cens livres d'amende pour la rebellion par eux faite auxdits commis; au payement desquelles amendes ledit Crevet & sa femme seront contraints comme pour deniers & affaires de Sa Majesté. Leur fait Sa Majesté très-expresses inhibitions & deffenses de récidiver, sous plus grandes peines; & à toutes personnes d'insulter, maltraiter,

ni injurier les commis dudit Barbier, & de leur causer aucun trouble & empeschement dans leurs fonctions & exercices, à peine de punition exemplaire, & ce conformement à la declaration du 27. juin 1716. & à l'arrest du 14. juin 1723. qui seront executez selon leur forme & teneur.

Du 2. Avril 1734.

* Arrest contradictoire de la cour des Aydes, qui condamne Charles Elié marchand de vin, au payement des droits de gros, augmentation & quatre sols pour livre dûs à l'arrivée des vins venant de Bourgogne, pays exempt, destinez pour la foire de Saint Nicolas à Amiens, arrivez par eau, & deschargez au port d'Ablon, où ils ont séjourné plus de huit jours.

Du 15. Avril 1734.

Ordonnance de M. l'Intendant de la generalité de Paris, qui reduit à la somme de vingt-neuf livres, celle de trente-sept livres à laquelle le nommé Denis Fromentin commis-buraliste de la paroisse de Villabé a esté compris au rolle de la taille de l'année presente, de ladite paroisse. Ordonne que le surplus, montant à la somme de huit livres, sera passé en non-valeur sur la capitation de ladite année, en rapportant par le receveur des tailles ladite ordonnance.

Du 15. Avril 1734.

Ordonnance de M. l'Intendant de la generalité de Paris, qui réduit à la somme de quatre-vingt livres, celle de cent une livres, à laquelle le nommé Denis Lefranc commis-buraliste en la paroisse de Noisy-le-Secq, a esté imposé à la taille pour l'année presente. Ordonne que le surplus, montant à la somme de vingt-une livres, sera passé en non-valeur sur la capitation de ladite année, en rapportant par le receveur des tailles ladite ordonnance.

Du 15. Avril 1734.

Ordonnance de M. l'Intendant de la generalité de Paris, qui reduit à la somme de trente livres, celle de cinquante livres, à laquelle le nommé Laurent Farré commis-buraliste de la paroisse de Charonne, a esté compris au rolle de la taille de ladite paroisse, de l'année 1734. Ordonne que le surplus, montant à la somme de vingt livres, sera passé en non-valeur sur la capitation de ladite année, en rapportant par le receveur des tailles ladite ordonnance.

Du 15. Avril 1734.

Ordonnance de M. l'Intendant de la generalité de Paris, qui reduit à la somme de trente-cinq livres, celle de quarante-huit livres, à laquelle le nommé Claude Fourcault commis-buraliste de la paroisse de Bagneux, a esté compris au rolle de la taille de l'année 1734. de ladite paroisse. Ordonne que le surplus, montant à la somme de treize livres, sera passé en non-valeur sur la capitation de ladite année, en rapportant par le receveur des tailles ladite ordonnance.

Du 15. Avril 1734.

Ordonnance de M. l'Intendant de la generalité de Paris, qui reduit à la somme de cinquante livres, celle de soixante livres, à laquelle le nommé Jacques de la Ruelle commis-buraliste des aydes de la paroisse de Fontenay-aux-roses, a esté compris au rolle de la taille de l'année 1734. de ladite paroisse. Ordonne que le surplus, montant à la somme de dix livres, sera passé en non-valeur sur la capitation de ladite année, en rapportant par le receveur des tailles ladite ordonnance.

Du 17. Avril 1734.

* Sentence des Prevost des marchands & Eschevins de la

ville de Paris, portant condamnation de mort contre Nicolas Lambert, cy-devant receveur des droits appartenant à la ville, tant à titre de réunion à son domaine, qu'à titre d'octrois, au bureau de la Croix-Faubin, fauxbourg Saint Antoine de cette ville, accusé & contumax, pour retention de deniers provenant desdits droits.

Du 20. Avril 1734.

* Ordonnance du Roy, portant nouvelles deffenses à tous gens de guerre, sur le commerce du faux sel, du faux tabac, & des marchandises de contrebande; *contenant trente sept articles.*

Du 20. Avril 1734.

Arrest du Conseil, qui casse une Sentence de la prevosté de l'hostel du 20. fevrier 1734. descharge Jean Cosson commis-buraliste des aydes de la paroisse de Carrieres-sous-Bois, election de Paris, de contribuer à la fourniture des lits, linges, & autres ustensiles qui se fournissent aux Gardes-du-corps de Sa Majesté, tant & si long-temps qu'il sera pourvû de ladite commission; ordonne que la somme de quarante livres cinq sols qu'il a esté contraint de payer, luy sera renduë & restituée par celuy qui l'aura reçûë, à peine d'y estre contraint par les voyes ordinaires; & fait deffenses au Lieutenant de la prevosté de l'hostel, & à tous juges, autres que ceux des élections, greniers à sel, & autres juges des fermes, de connoistre des causes concernant les droits desdites fermes, & les privileges des commis.

Des 11. Juillet 1719. & 20. Avril 1734.

* Ordonnances de Messieurs les Intendans de la generalité de Paris, contenant ce qui doit estre observé pour la recherche & amas des salpestres, & fabrication des poudres; ordonnent aux maires, eschevins, syndics & habitans des villes, bourgs & villages, de procurer aux salpestriers, des maisons

maisons qui leur soient propres, en payant les loyers sur le pied des derniers baux, ou à dire d'experts; leur deffendent d'envoyer auxdits salpestriers, aucuns gens de guerre, de les nommer pour aydes à ceux qui ont le logement actuel, ni de leur faire payer aucuns ustensiles ni contributions; exemptent leurs enfans, ouvriers & domestiques, de tirer aux billets pour la milice; font deffenses à tous habitans & collecteurs des tailles, de les imposer à plus de cinquante sols, ni de les nommer pour faire la collecte des tailles, ni pour aucunes autres charges municipales; ordonnent aux marchands & autres qui auront des cendres, de les vendre auxdits salpestriers par preference, à raison de trois sols le boisseau, mesure de l'Arsenal de Paris; donnent part auxdits salpestriers dans la distribution des bois patrimoniaux, & dans la joüissance des droits d'usages des villages où ils seront establis; deffendent à tous préposez à la levée des droits qui se perçoivent aux portes, ports & passages, d'en exiger aucuns desdits salpestriers, pour l'entrée des salpestres & poudres, ni pour le peage desdits salpestres, bestes, chevaux & harnois, portant ustensiles à l'usage desdits salpestriers: font deffenses à tous huissiers, sergens & autres, de saisir ou faire saisir les outils, ustensiles, chevaux & harnois desdits salpestriers; à toutes personnes de les troubler dans leurs travaux, à peine d'amende; à tous ouvriers qui travailleront chez les maistres, de les quitter à moins qu'ils ne les ayent avertis un mois avant, à peine de prison; & aux maistres salpestriers, de se débaucher les uns aux autres leurs ouvriers, à peine d'amende.

Du 21. Avril 1734.

* Ordonnance de M. Herault Lieutenant general de police de la ville, prevosté & vicomté de Paris, qui fait deffenses au nommé le Maire maistre rotisseur, d'insulter & troubler les commis des syndics & officiers de la communauté des

controlleurs de la volaille, dans les fonctions de leurs emplois; & condamne ledit le Maire en quinze livres de dommages & interests, en trois livres d'amende, &c.

Du 11. May 1734.

Arrest du Conseil, qui descharge les fers, soit en gueuse, ou en barre, provenant de la forge de Neufchastel, qui seront transportez en Suisse & autres pays estrangers, tant du payement des droits portez par l'arrest du Conseil du 2 avril 1701. que de ceux prétendus par les sous-fermiers de la marque des fers.

Du 19. May 1734.

* Sentence renduë par M. le Prevost des marchands & Eschevins de la ville de Paris, qui condamne les nommez Gaultier & Martin Poury, garçons travaillant pour Edme Moinat marchand de foin, en dix livres d'amende, pour avoir insulté avec jurement les syndics des commis metteurs-à-port & leurs compagnons, dans leurs fonctions, &c.

Du 25. May 1734.

Arrest du Conseil, qui déboute les entrepreneurs de la manufacture royale de verrerie establie à Sevre, de leur demande en exemption des droits dûs aux officiers mesureurs & porteurs de charbon de terre dans l'estenduë de la ville, fauxbourgs & banlieuë de Paris, & aux maistres des ponts de ladite ville.

Du 25. May 1734.

* Arrest du Conseil, qui casse deux sentences renduës par les maire & eschevins du Havre, les 9. juin & 4. juillet 1733. en consequence, descharge le sieur le Vaillant negociant de ladite ville, des sommes de douze cens quarante-trois livres quatre sols, & de deux cens quatre-vingt-quinze livres six sols trois deniers, auxquelles il a esté condamné par lesdites

ſentences, pour droits d'octrois de la ville du Havre, ſur des vins & eaux-de-vie venant de Bordeaux & de la Rochelle, deſtinez à eſtre tranſportez en Canada.

Et qui ordonne que tous les armateurs ou negocians qui armeront dans la ville du Havre, des vaiſſeaux deſtinez pour les iſles françoiſes de l'Amerique, joüiront de l'exemption des droits d'octrois de ladite ville, ſur toutes les marchandiſes & denrées employées à leur commerce, ou à l'approviſionnement & avictuaillement de leurs vaiſſeaux; à la charge par eux, d'en faire leur declaration à l'entrée de la ville du Havre, & que leſdites marchandiſes & denrées ſeront miſes dans l'entrepoſt ordonné par les lettres patentes du mois d'avril 1717. juſqu'au jour de leur embarquement.

Du 25. May 1734.

* Arreſt contradictoire de la cour des Aydes de Paris, entre Alexis Baillet ſous-fermier des aydes de la generalité de Paris, appellant, & Claude Lecomte vigneron, intimé:

Qui infirme une ſentence des élûs de Pontoiſe, & juge que les contraintes du fermier pour droits de gros des vins manquant à déprier des inventaires, doivent eſtre executées par ſaiſie & vente de meubles, nonobſtant les oppoſitions; ſauf aux oppoſans à prendre communication des regiſtres dans les bureaux où ils ſont dépoſez, pour déduire enſuite leurs moyens.

Et ſur les concluſions de M. le Procureur general, fait deffenſes aux élûs de Pontoiſe, d'ordonner des ſurſéances aux contraintes.

Du 25. May 1734.

* Arreſt du Conſeil, qui déboute les ſyndics & maiſtres peſcheurs à l'engin, de la ville, fauxbourgs & banlieuë de Paris, de leur demande en exemption de droits attribuez aux offices de jurez vendeurs de poiſſon d'eau douce, créez par edit de juin 1730.

Du 4. Juin 1734.

* Sentence de police, qui deffend à tous tendeurs & tendeuſes de ſacs, porteurs & porteuſes de farine à la halle, d'exiger le pretendu droit de ratro, conſiſtant en un ſol par boiſſeau, au-deſſus du prix de la vente de la farine, quand meſme il leur ſeroit offert volontairement, & de s'immiſcer directement ni indirectement dans la vente des farines.

Du 7. Juin 1734.

* Arreſt contradictoire du Conſeil, qui caſſe un arreſt de la cour des Aydes de Paris du 15. juin 1731. en ce que par iceluy les condamnations prononcées au profit de Pierre Nicolas ſous-fermier des aydes de Champagne, contre Marie Henry femme de Nicolas Clauſier vigneron à Sezanne, ne l'ont pas eſté ſolidairement contre ledit Clauſier & ſa femme; en conſequence, ordonne que ledit Clauſier ſera dès-à-preſent contraint ſolidairement avec ſa femme, au payement des condamnations prononcées contr'elle par l'arreſt de la cour des Aydes; & les condamne en outre aux deſpens faits au Conſeil, & au couſt dudit arreſt.

NOTA. Ce qui a donné lieu à l'arreſt dont l'extrait eſt cy-deſſus, c'eſt que lorſqu'il a eſté verbaliſé contre Clauſier & ſa femme pour vente de vin en détail en fraude, & pour rebellion, ledit Clauſier eſtoit abſent; ce qui avoit porté la cour des Aydes à ne condamner que la femme, & à ordonner que les cinquante livres de dommages & intereſts, & les deſpens prononcez contr'elle, ne pourroient eſtre exigez que ſur les biens qui luy appartiendroient aprés la diſſolution de la communauté d'entr'elle & ſon mary.

Du 13. Juin 1734.

Lettres patentes *regiſtrées en la cour des Aydes de Roüen, le 9. juillet 1734.* qui ordonnent l'execution des articles III. de la declaration du 6. decembre 1707. & XXX. de celle du premier aouſt 1721. en conſequence, ordonnent que tous commis & employez des fermes, ayant ſerment en justice, pourront, en quelque lieu qu'ils se trouvent, mesme hors du ressort de la cour superieure, ou jurisdiction subalterne où ils auront presté serment, arrester tous vendeurs ou porteurs de faux tabacs, saisir lesdits tabacs, & en dresser des procez-verbaux; lesquels estant bien & dûëment affirmez, seront crus, & feront foy en justice, jusqu'à inscription de faux, dont la connoissance néantmoins appartiendra à l'election, & aux juges des fermes dans le ressort desquels la saisie aura esté faite: deffendent à tous juges d'annuller les procez-verbaux des commis des fermes & de la regie du tabac, sous pretexte que leurs noms n'auroient point esté inscrits dans des tableaux déposez aux greffes des elections, greniers à sel, jurisdictions des traittes, & autres sieges, à peine de nullité des jugemens, de mille livres d'amende, & de tous despens, dommages & interests contre lesdits juges.

Du 15. Juin 1734.

Arrest du Conseil, qui ordonne que les officiers jurez-mesureurs & jurez-porteurs de charbon de la ville de Paris, joüiront de la faculté accordée par l'article X. de l'edit du mois de juin 1730. de commettre aux fonctions de leurs offices, sur leurs simples procurations passées pardevant notaires, telles personnes qu'ils jugeront à propos

Du 29. Juin 1734.

* Arrest du Conseil, qui ordonne que les arrests rendus en iceluy les 9. novembre 1694. & 2. fevrier 1723. par lesquels il est fait deffenses à toutes personnes de vendre du vin en détail, dans les maisons & hostels de Versailles, sans en faire declaration, souffrir les visites des commis, sous les peines y portées, seront executez selon leur forme & teneur; enjoint aux commissaires de police de la ville de Versailles, d'assister les commis aux aydes, de se transporter avec eux dans les maisons & hostels, appartenant tant à Sa Majesté,

qu'aux princes & princesses, seigneurs & dames de la Cour, à l'effet d'y dresser procès-verbal de la vente du vin en détail, saisir les vins qu'ils y trouveront, & estre les contrevenans condamnez en la confiscation desdits vins, & en cinq cens livres d'amende. Enjoint aux proprietaires desdites maisons & hostels, de tenir la main à ce que leurs concierges, suisses, portiers, domestiques & autres, ne vendent & debitent aucuns vins & autres boissons en détail, en leurs maisons & hostels, à ce qu'ils souffrent lesdites visites, & que l'ouverture des caves & lieux soit faite à la premiere requisition desdits commissaires de police, qui pourront, en cas de besoin, se faire assister & prester main-forte; sinon, & en cas de refus, lesdits commissaires en feront faire l'ouverture par le premier serrurier sur ce requis, auquel il est enjoint de le faire, à peine de cinquante livres d'amende: ordonne qu'en cas que lesdits concierges, suisses, portiers, domestiques & toutes autres personnes refusent auxdits commissaires & commis, l'entrée dans lesdites maisons & hostels, & les troublent dans leurs fonctions, ils soient condamnez en cinq cens livres d'amende, sur les procez-verbaux qui en seront dressez; & qu'en cas de violence & rebellion, leur procès leur soit fait & parfait, suivant la rigueur des ordonnances, par le bailly de Versailles.

Des 29. Juin & 28. Decembre 1734.

* Arrests du Conseil, par le premier desquels une sentence des élûs de Tonnerre, du 29. avril 1733. & un arrest de la cour des Aydes de Paris, du 16. fevrier 1734. ont esté cassez & annullez; & ordonné que l'article premier du titre des inventaires de l'ordonnance de 1680. & la declaration du 4. may 1688. seront executez selon leur forme & teneur; ce faisant, que les commis aux aydes pourront, pendant les six semaines, à compter du jour de l'ouverture des vendanges, jusqu'aux inventaires, se transporter dans les maisons, caves, celliers & pressoirs des particuliers sujets aux inventaires,

pour y faire les visites necessaires; enjoint à tous particuliers d'en faire ouverture à la premiere requisition, à peine de cinquante livres d'amende. Et pour le refus fait par Philbert Renard, de la paroisse de Fontenay, election de Tonnerre, de souffrir lesdits inventaires, le condamne envers Antoine Dubost sous-fermier des aydes de la generalité de Paris, en l'amende de cinquante livres, & aux despens faits, tant en ladite election, qu'en la cour des aydes.

Et le second déboute Philbert Renard, de son opposition au premier, & en ordonne l'execution.

Du 6. Juillet 1734.

* Sentence du bureau de la Ville de Paris, qui condamne Edme Nicolle marchand de bois forain, en trois cens livres d'amende, pour avoir fait voiturer en cette ville, des bois flottez sans lettres de voiture, & les avoir vendus au port des Carrieres de Charenton, au lieu de les avoir fait conduire en ladite ville.

Du 7. Juillet 1734.

* Arrest du Parlement de Metz, qui confirme une sentence du juge de la marque des fers à Sedan, qui condamne Jean-Theodore Sacrelaire au payement des droits de marque des fers sur trois mille deux cens soixante-quinze livres de grosses quinquailles.

Ordonne que les marchands & negocians seront tenus à l'avenir, de faire leurs declarations du poids en entier des marchandises, sans diminution des bannes & emballages.

Du 13. Juillet 1734.

* Arrest du Conseil, portant reglement pour la perception du droit domanial sur les fers, aciers, quinquailleries & mines de fer, tant à l'entrée qu'à la sortie de la province de Franche-Comté; *contenant huit articles.*

NOTA. L'execution de cet arrest a esté sursise par autre arrest du Conseil du 19. Avril 1735.

Du 13. Juillet 1734.

Arrest du Conseil, qui ordonne que conformement à la sentence du chastelet de Paris du 5. fevrier 1733. & au consentement de toutes les parties, Louis Bourgeois cy-devant adjudicataire des fermes generales-unies, sera payé sur la somme de quatorze mille livres à laquelle a esté liquidé le remboursement de l'office de receveur des droits de la marque d'or & d'argent, dont le sieur Derigoin estoit pourvû, par privilege & preference à tous autres créanciers, de la somme de mille quatre-vingt livres de principal, à luy dûë par ledit Derigoin, portée par ladite sentence, & de celle de deux cens soixante-seize livres pour les interests de ladite somme, eschûs le 24. may 1729. jour de l'opposition formée par ledit Bourgeois au sceau dudit office, jusqu'au jour dudit arrest; plus, de cent cinquante livres pour frais liquidez par ladite sentence, & de dix-huit cens vingt livres dix sols à quoy ont esté taxez par executoire du chastelet, du 29. janvier dernier, les frais de poursuites, adjugez audit Bourgeois par la mesme sentence. Ordonne en outre que Jacques Cottin cy-devant sous-fermier des droits de marque sur la vaisselle d'or & d'argent, & ses cautions, seront tenus de payer entre les mains & sur la quitance de Loison notaire à Paris, dépositaire convenu entre ledit Derigoin & ses creanciers, ladite somme de quatorze mille livres, en remettant par ledit Bourgeois aux cautions dudit Cottin, les quitances de finance & provisions dudit Derigoin, & autres titres de proprieté dudit office; du montant de laquelle somme de quatorze mille livres, Cottin & ses cautions seront remboursez par Louvet son successeur, & ledit Louvet par le fermier qui luy succedera, & ainsi de bail en bail, conformement à l'edit de suppression de l'office dudit sieur Derigoin: ordonne pareillement, qu'en payant par Loison notaire, à Bourgeois, les sommes à luy dûës & adjugées, il en demeurera bien & valablement quitte & deschargé;

defchargé. Et pour faire droit fur l'appel interjetté par les directeurs de l'hofpital general, créanciers dudit fieur Derigoin, pour raifon de la recette par luy faite du vingtieme des droits de marque d'or & d'argent appartenant audit hofpital, de la fentence du chaftelet, & fur les conteftations d'entre lefdits fieurs directeurs, pretendant le mefme privilege que le fermier general, & Thomas le Breton, Nicolas-François Thoré, Louife Tronchy fa femme, Daniel Goners & autres créanciers dudit Derigoin, renvoye les parties à fe pourvoir devant les juges qui en doivent connoiftre.

Du 17. Juillet 1734.

* Sentence des Prevoft des marchands & Efchevins de la ville de Paris, qui condamne Denis Dondé & Louis Montagne, commiffionnaires des marchands de charbon, chacun en dix livres d'amende, faute d'avoir fait leur declaration au bureau des officiers mefureurs de charbon, dans l'inftant de l'arrivée des bateaux chargez de cette marchandife.

Du 20. Juillet 1734.

Arreft du Confeil, qui ordonne qu'outre les mille muids de vin de privilege, accordez à l'hofpital general de Paris, dont l'employ eft fait dans l'eftat des privilegiez, les directeurs dudit hofpital pourront, dans le cours de l'année 1734. à 1735. faire entrer fur leurs certificats, cinq cens muids de vin d'augmentation pour la confommation dudit hofpital, fans payer aucuns droits, tant au pont de Joigny, qu'aux entrées de Paris, ni ceux des droits reftablis.

Du 27. Juillet 1734.

* Arreft du Confeil, qui defcharge le fous-fermier des aydes de la generalité de Lyon, de l'affignation à luy donnée au grand Confeil, à la requefte des fecretaires du Roy & officiers de la Chancellerie près la cour des Monnoyes de

ladite ville ; sauf à eux à se pourvoir pour leur exemption des droits d'aydes, en premiere instance, en l'election de Lyon, & par appel en la cour des Aydes de Paris ; & les condamne au coust dudit arrest.

Des 26. Septembre 1732. 29. Juillet 1734. premier Fevrier 24. Mars & 13. Decembre 1735.

* Sentence de l'election de Paris, du 26. septembre 1732.

Qui declare un plat & douze manches de couteaux d'argent, neufs & finis, & onze pieces d'argent vieilles, renduës au sieur Delaunay, acquis & confisquez au profit du fermier de la marque d'or & d'argent, sur Theodore-Simon Reconseille & sa femme, orfevre ; les condamne solidairement à payer la valeur desdites onze pieces d'argent vieilles, en l'amende de cent livres, & aux despens.

Arrest de la cour des Aydes, du 29. Juillet 1734.

Qui casse la sentence de l'election, en ce qu'elle prononce la confiscation de la valeur de onze pieces d'argent saisies sur ledit Reconseille, & reclamées par ledit sieur Delaunay, à qui elles ont esté renduës ; la sentence au residu, sortissant son plein & entier effet, & condamne lesdits Reconseille & sa femme aux despens.

Trois arrests du Conseil, des premier fevrier, 24. mars & 13. decembre 1735.

Le premier casse & annulle l'arrest de la cour des Aydes, en ce qu'il a fait main-levée audit Reconseille des onze pieces d'argenterie sur luy saisies, les declare acquises & confisquées au profit du fermier, & condamne lesdits Reconseille & sa femme, solidairement, à luy en payer la valeur.

Le second déboute lesdits Reconseille & sa femme, de leur opposition au premier arrest, & en ordonne l'execution.

Le troisieme déboute lesdits Reconseille & sa femme, de leur opposition aux deux premiers arrests, en ordonne l'execution ; & en interpretant, en tant que de besoin, la declaration du 3. fevrier 1685. l'arrest & lettres patentes des 4. aoust 1693. & 14. mars 1694. & l'arrest du Conseil du 25. mars 1704. ordonne que tous les orfevres seront tenus, conformement auxdits reglemens, de rayer sur leurs registres les articles qui y seront portez, à mesure qu'ils rendront les vaisselles qui leur auront esté mises entre les mains pour estre raccommodées, ou en nantissement, & qu'ils vendront celles qu'ils auroient prises pour leur compte; & dans le cas où ils ne rendroient pas dans le mesme temps, le contenu de chacun desdits articles, ils seront obligez de faire mention de ce qui aura esté rendu, & du jour qu'ils auront remis partie desdits articles, à peine de trois cens livres d'amende, & autres peines de confiscation & amende portées par ladite declaration, arrests & lettres patentes, & que sur ledit arrest toutes lettres necessaires seront expediées.

Du 10. Aoust 1734.

Arrest du Conseil, qui ordonne que la requeste de Nicolas Desboves adjudicataire des fermes generales-unies, tendante à la confiscation de deux mille neuf cens trente-huit livres pesant de fer, excedant la declaration faite au bureau du domaine & barrage au port Saint-Paul, par le nommé Dubois marchand de fer à Paris, sera communiquée audit Dubois, pour y respondre dans quinzaine, sinon qu'il sera fait droit, ainsi qu'il appartiendra.

Du 10. Aoust 1734.

* Arrest du Conseil, qui casse une sentence des juges-gardes de la monnoye d'Orleans, par laquelle ils avoient ordonné que Joseph Ytasse, René Forest, Charles Payen & Pierre Castra, maistres orfevres, arrieres-fermiers de la marque d'or & d'argent, de la ville & generalité d'Orleans, & Georges Michel & Paul Guichard aussi marchands orfevres de ladite

ville, & commis à la regie de ladite ferme, seroient tirez de la liste des maistres orfevres, & ne pourroient donner leur voix à l'election des nouveaux jurez-gardes, ni estre elûs gardes, tant qu'ils seroient fermiers, interessez, ou commis en ladite ville: annulle l'election des nouveaux gardes, faite en consequence de ladite sentence, & tout ce qui s'en est ensuivi: ordonne que lesdits Ytasse, Forest, Payen, Castra, Michel & Guichard, seront restablis sur la liste des orfevres, s'ils en ont esté tirez; qu'il sera procedé à une nouvelle election des gardes, où ils pourront donner leur voix, & y estre elûs gardes: condamne la communauté des orfevres, aux despens faits devant lesdits juges-gardes, & au coust de l'arrest, liquidé à soixante-quinze livres.

Du 10. Aoust 1734.

* Arrest du Conseil, qui ordonne la perception du droit domanial sur les fers, fontes, aciers & quinquailles venant des pays estrangers, entrant en France, dans l'estenduë du ressort du Parlement de Paris; en consequence, casse une sentence renduë par le juge des traittes à Calais; & condamne Gertrand Moll negociant d'Amsterdam en Hollande, Louis Mollien & Louis Mahieu habitans de Calais, ses cautions, solidairement au payement de sept cens soixante livres quinze sols deux deniers, pour droit de marque sur quatre-vingt-quatorze mille deux cens quatre-vingt-quatorze livres de fer venant de Hollande, entré par le port de Calais, & en tous les despens.

Du 13. Aoust 1734.

* Arrest contradictoire de la cour des Aydes, qui confirme avec amende & despens, une sentence des officiers de l'election d'Estampes, du 18. decembre 1733. par laquelle, sans avoir égard aux opposition & demande de Jean-Baptiste Fournier cabaretier à Montlhery, il a esté ordonné que la

contrainte décernée par le fermier des aydes de la generalité d'Orleans, le 14. mars precedent, en conſequence de l'article XIII. du titre IV. de la vente en gros, & du tranſport du vin, de l'ordonnance du mois de juin 1680. pour la ſomme de ſoixante-ſix livres deux ſols trois deniers, à quoy ſe ſont trouvé monter les droits de gros, augmentation, jauge, courtage & quatre ſols pour livre, de la quantité de vingt-deux poinçons de vin recueilli par ledit Fournier, ſur le terroir d'Etrechy, dépendant de l'election d'Eſtampes, lieu ſujet aux droits de gros, & qu'il a fait tranſporter dans ſon cabaret à Montlhery dépendant de l'election de Paris, ſeroit executée ſelon ſa forme & teneur; & en conſequence, qu'il ſeroit paſſé outre à l'execution d'icelle, aux cautions du bail.

Du 20. Aouſt 1734.

* Arreſt de la cour de Parlement, qui confiſque au profit de la communauté des jurez-vendeurs de marée à Paris, trois paniers de ſardines, ſaiſis ſur le ſieur Thomas Moulin, entrepreneur & fermier des caroſſes & meſſageries des provinces de Normandie & Bretagne, pour les avoir fait entrer dans Paris ſans en avoir fait declaration, ni payé les droits en entrant dans ladite ville; le condamne & Louis Billionſon meſſager, chacun & ſolidairement envers ladite communauté, en cent livres d'amende, & aux deſpens.

Du 24. Aouſt 1734.

* Arreſt du Conſeil, qui declare que les commandemens faits aux redevables des droits des fermes du Roy, à la requeſte de ſes fermiers & ſous-fermiers, continuëront d'eſtre controllez par les commis au controlle des exploits, pourvû qu'ils ſoient preſentez dans le neuvieme jour de leur date : fait très-expreſſes deffenſes auxdits commis, d'en refuſer le controlle dans ledit temps, à peine de demeurer reſponſables des dommages & intereſts deſdits fermiers &

ſous-fermiers, & d'interdiction: ordonne que conformement au tarif annexé à la declaration du 17. fevrier 1688. leſdits redevables ne pourront eſtre contraints à payer les frais deſdits commandemens, pas meſme le timbre, lorſqu'ils acquiteront leſdits droits dans le huitieme jour de la date deſdits commandemens.

Du 24. Aouſt 1734.

Arreſt du Conſeil, qui ordonne que par Alexis Baillet ſous-fermier des aydes de la generalité de Paris, il ſera tenu compte à Jean-Antoine Leveque de Bellegarde, cy-devant receveur des aydes au département de Chateau-Landon, de la ſomme de deux mille deux cens ſeize livres onze ſols cinq deniers, à luy volée ſur les trois heures après midy le 20. janvier 1732. en les tranſportant dudit Chateau-Landon, à la recette generale des aydes de l'election de Nemours; de laquelle ſomme il ſera tenu compte audit Baillet par Pierre Carlier adjudicataire des fermes generales, auquel il en ſera pareillement tenu compte par Sa Majeſté, ſur le prix de ſon bail.

Du 24. Aouſt 1734.

Arreſt du Conſeil, qui liquide à la ſomme de treize mille cinquante-quatre livres huit ſols trois deniers, les payemens faits par Nicolas Deſboves adjudicataire des fermes generales-unies, pour la conſtruction du bureau de la Ville-Leveque, & du bureau de Noſtre-Dame des champs-lès-Paris: & ordonne que pour le montant de ladite ſomme de treize mille cinquante-quatre livres huit ſols trois deniers, il ſera expedié au profit dudit Deſboves, une ordonnance de comptant ſur le garde du treſor royal en exercice; pour valeur de laquelle il luy ſera delivré une quitance comptable, ſur & en déduction du prix de ſon bail.

Du 7. Septembre 1734.

* Arrest du Conseil, par lequel Sa Majesté declare le lieu de la Guillotiere & de Bechevelin, faire partie de la province du Lyonnois, & comme tels, sujets aux droits d'aydes ; & veut que les droits y soient perçûs, ainsi que dans le reste de ladite province.

Du 16. Septembre 1734.

* Départemens de M.rs les fermiers generaux pour le service des fermes royales-unies, pendant la troisieme année du bail de M.e Nicolas Desboves.

Du 21. Septembre 1734.

Arrest du Conseil, qui déboute les habitans de la paroisse de Saint Soupletz, election de Meaux, de leur opposition à celuy du 18. may 1733. par lequel il a esté ordonné aux maire, eschevins, syndics, marguilliers, & trois des principaux habitans les plus haut imposez à la taille de ladite paroisse, de se charger des estats de ce qui est dû par chaque habitant pour droits de gros, augmentation, jauge & courtage, & quatre sols pour livre des vins manquant à déprier des inventaires, pour en faire le recouvrement ; & condamne lesdits habitans au coust dudit arrest, liquidé à cinquante livres.

Du 27. Septembre 1734.

* Arrest du Conseil, qui ordonne l'execution de celuy contradictoirement rendu le 12. aoust 1732. par lequel les habitans des fauxbourgs de Paris ont esté condamnez au payement des droits d'entrée, des vins par eux recueillis hors les barrieres, sans aucune distinction du vin de leur consommation ; ordonne pareillement l'execution de la sentence des elûs de Paris, du 10. octobre 1733. qui, entr'autres choses, declare le sieur Duquesnay & consorts, non-recevables en

leur opposition aux contraintes contr'eux décernées pour le payement des droits d'entrée des vins par eux recueillis dans l'estenduë des paroisses de la ville & fauxbourgs de Paris, hors les barrieres, & en leur demande à fin de nullité d'icelles : Et déboute ledit Duquesnay de sa demande à fin de restitution des droits d'entrée de deux demi-queuës de vin gasté, par luy vendu à un vinaigrier.

Et permet, conformement à l'article premier du titre II. des droits d'entrée sur les vendanges, & à l'usage de tout temps pratiqué, de faire proceder aux inventaires des vins recueillis hors les barrieres, après que le vin aura esté entonné; & condamne lesdits Duquesnay & consorts, au coust du present arrest, liquidé à soixante-quinze livres.

FIN.

A PARIS,
DE L'IMPRIMERIE ROYALE.

M. DCCXXXVI.

TABLE
DES
EDITS, DECLARATIONS, ORDONNANCES, ARRESTS, ET REGLEMENS

CONCERNANT

LES DOMAINES ET DROITS Y JOINTS; Rendus pendant la seconde année du Bail de M.e NICOLAS DESBOVES,

Commencée le premier Octobre 1733. & finie le dernier Septembre 1734.

A PARIS,
DE L'IMPRIMERIE ROYALE.

M. DCCXXXVI.

TABLE

DES

EDITS, DECLARATIONS,

ARRESTS ET REGLEMENS

RENDUS pendant la feconde année du Bail de Me NICOLAS DESBOVES,

Commencée le premier Octobre 1733. & finie le dernier Septembre 1734.

CONCERNANT les Domaines de France, Controlle des Actes des Notaires, Petits Scels, Infinuations Laïques, Centieme Denier, Controlle des Exploits, Greffes, Amortiffemens, Franc-Fiefs & nouveaux Acquefts; & Droits refervez dans les Cours & Jurifdictions, par les Edits des mois d'Aouft 1716. Janvier & Novembre 1717. & reftablis par la Declaration du 15. May 1722.

Du 13. Octobre 1733.

ARREST du Confeil, qui ordonne que plufieurs quitances comptables des Receveurs generaux des domaines, fournies à Pierre Carlier cy-devant adjudicataire des fermes generales, feront regiftrées au controlle general

DOMAINES. A

des finances, encore que le temps prescrit par les reglemens, & notamment par la declaration du Roy du 6. mars 1716. soit expiré.

Du 23. Octobre 1733.

* Départemens de M.[rs] les fermiers generaux, pour le service des fermes royales-unies, pendant la seconde année du bail de Me Nicolas Desboves, arresté à Fontainebleau par M. Orry Controlleur general des finances.

Du 31. Octobre 1733.

* Ordonnance renduë par M. de Harlay de Cely, Intendant de la generalité de Paris, qui condamne le sieur Vatin commis à la perception des droits des domaines & autres y joints, au bureau de la Ferté-Gaucher, en vingt-un mille six cens livres d'amendes, par luy encouruës pour plusieurs contraventions; sçavoir, dix-neuf cens livres pour l'obmission d'arresté du registre des exploits, pendant dix-neuf jours; mille livres pour pareil deffaut d'arresté du registre du controlle des actes, de cinq jours; quinze mille six cens livres pour pareille obmission de cinquante-deux jours d'arresté du registre des insinuations; cent livres pour avoir laissé une caze en blanc, & trois mille livres pour dix obmissions d'enregistrement de droits d'insinuation par luy perçûs; au payement desquelles amendes, ensemble à la restitution des droits, ledit Vatin contraint comme pour deniers royaux.

Du 31. Octobre 1733.

* Ordonnance de M. l'Intendant de la generalité de Paris, qui condamne le sieur Philipes notaire à Pontoise, en huit cens livres d'amende, & l'interdit de toutes ses fonctions, pour differentes contraventions aux droits de la ferme du controlle des actes des notaires.

Du 31. Octobre 1733.

* Ordonnance de M. l'Intendant de la generalité de Paris, qui condamne Charles Robert notaire à Villefolles, en dix-huit cens livres d'amende, pour differentes contraventions aux droits de la ferme du controlle des actes des notaires & insinuations, & l'interdit de ses fonctions jusqu'au parfait payement de ladite amende.

Du 17. Novembre 1733.

* Arrest du Conseil, qui ordonne que l'edit du mois de decembre 1703. la declaration du 19. juillet 1704. celle du 3. avril 1708. l'article XVII. du tarif du 29. septembre 1722. seront executez selon leur forme & teneur; & en consequence, condamne Pierre Naze huissier en la chambre des Comptes, en trois cens livres d'amende, pour avoir, contre la disposition desdits reglemens, signifié des arrests de surséance, sans que prealablement ils eussent esté revestus de la formalité de l'insinuation: fait iteratives deffenses à tous huissiers & sergens, de faire aucune signification d'arrests de surseance, & autres actes sujets à l'insinuation, qu'il ne leur soit apparu du payement desdits droits, à peine de trois cens livres d'amende pour chacune contravention, &c.

Du 17. Novembre 1733.

* Arrest du Conseil, qui ordonne que l'edit du mois de decembre 1703. la declaration du 19. juillet 1704. celle du 3. avril 1708. l'article XVII. du tarif du 29. septembre 1722. seront executez selon leur forme & teneur; en consequence, condamne le nommé Simon, huissier-priseur au chastelet de Paris, en l'amende de trois cens livres, pour avoir, contre la disposition desdits reglemens, signifié des arrests de surseance, sans que prealablement ils eussent esté revestus de la formalité de l'insinuation: fait iteratives deffenses à tous huissiers &

ſergens, de faire aucune ſignification d'arreſts de ſurſeance, & autres actes ſujets à l'inſinuation, qu'il ne leur ſoit apparu du payement deſdits droits, à peine de trois cens livres d'amende pour chacune contravention, &c.

Du 17. Novembre 1733.

* Arreſt du Conſeil, qui deſcharge du droit de controlle, les deliberations des communautez de la province de Languedoc, portant nomination des collecteurs forcez.

Du 24. Novembre 1733.

* Arreſt du Conſeil, portant reglement pour le payement des frais de procedures des procez criminels, qui s'inſtruiſent à la requeſte des procureurs generaux de Sa Majeſté; *contenant dix articles.*

Du premier Decembre 1733.

Arreſt du Conſeil, qui ordonne conformement à celuy du 24. Fevrier 1733. que le traité fait pour un an ſeulement entre Jean-Denys Marion de Saint-Cyr, entrepreneur de la voiture des bois de la ſaline de Salins, le 29. octobre 1732. & le nommé Morel & compagnie, ſera continué pour une deuxieme année, à compter du 29. octobre 1733. juſqu'à pareil jour 1734. en conſequence, que les bois ſapins portez en l'eſtat & ſoûmiſſion faite par Morel & compagnie, le 12. octobre 1733. ſeront delivrez aux cautions de Hugues Perrot, ainſi que douze arbres chênes dans la foreſt de Mouchard; du prix deſquels bois les cautions dudit Perrot ſeront tenuës de compter au profit du Roy, ſur le pied fixé par ledit arreſt.

Du 4. Decembre 1733.

* Lettres patentes ſur arreſt du Conſeil du 30. octobre 1731. qui permettent aux fermiers & ſous-fermiers des droits des fermes du Roy, de ſe ſervir de tels huiſſiers & ſergens

royaux que bon leur semblera, mesme hors l'estenduë des jurisdictions où les huissiers ou sergens sont immatriculez; à l'exception néantmoins de ceux des justices seigneuriales, qui ne pourront faire de poursuites ailleurs que dans l'estenduë des justices où ils ont pouvoir d'exploiter; & à la reserve des procedures qui seront faites de procureur à procureur; nonobstant la declaration du premier Mars 1730. & les edits & declarations qui peuvent avoir esté rendus en faveur des huissiers-priseurs & vendeurs de meubles, & autres huissiers, auxquels il est dérogé pour ce regard seulement: Sa Majesté validant, en tant que besoin est ou seroit, les poursuites qui ont esté faites en conformité desdits arrest & lettres patentes.

Rigistrées au parlement de Bretagne, le 30. Janvier 1734.
En la cour des Aydes de Clermont-Ferrand, le premier Fevrier 1734.
En la cour des Comptes, Aydes & Finances de Montpellier, le 6. Fevrier 1734.
En la cour des Comptes, Aydes & Finances de Provence à Aix, le 8. Fevrier 1734.
Au Conseil souverain de Roussillon, le 9. Fevrier 1734.
En la cour des Aydes & Finances de Montauban, le 10. Fevrier 1734.
En la cour des Aydes de Bordeaux, le 10. Fevrier 1734.
Au parlement de Grenoble, le 11. Fevrier 1734.
Au parlement & cour des Aydes de Dijon, le 12. Fevrier 1734.
Au parlement de Pau, le 20. Fevrier 1734.
Au parlement de Metz, le 22. Fevrier 1734.

Du 5. Decembre 1733.

* Ordonnance renduë par M. de Harlay Intendant de la generalité de Paris, qui interdit les nommez Charles & Lasnier, huissiers à Meaux, de toutes leurs fonctions pendant

trois mois, avec deffenses d'en exercer aucunes pendant ledit temps, à peine de faux, pour n'avoir pas voulu signifier une contrainte contre les nommez Antoine Lecomte & Michel Varlet huissiers audit Meaux, à la requeste de Charles Barbier sous-fermier des domaines & droits y joints, de la ville & generalité de Paris: & enjoint à tous huissiers & sergens, de faire, pour le service de la ferme dudit Barbier, toutes significations, exploits & autres actes du fait de leurs charges ou commissions, à la premiere requisition des préposez & commis dudit fermier, à peine d'interdiction pour six mois, &c.

Du 8. Decembre 1733.

* Arrest du Conseil, qui condamne le titulaire d'une chapelle, à payer le droit d'amortissement d'une rente donnée à ladite chapelle, quoique la donatrice se soit reservée l'usufruit de ladite rente sa vie durant, & que la donation ait esté acceptée par le precedent titulaire de la mesme chapelle.

Du 15. Decembre 1733.

Arrest du Conseil, qui descharge Pierre Rozier commis au bureau du controlle des actes, insinuations & autres droits, de la ville d'Egleton, generalité de Limoges, du payement d'une somme de trois cens douze livres treize sols six deniers, qui s'est trouvée perduë dans l'incendie de sa maison; de laquelle il sera tenu compte à François Courtin fermier des domaines & controlle des actes de ladite generalité, par Pierre Carlier cy-devant adjudicataire des fermes generales, auquel il en sera pareillement tenu compte sur le prix de son bail.

Du 15. Decembre 1733.

* Arrest du Conseil, qui permet aux vassaux possesseurs de simples fiefs non titrez, lorsqu'ils seront domiciliez audelà de cinq lieuës des chambres des Comptes, & des

bureaux des finances, dans le ressort desquels leurs fiefs seront situez, d'y rendre par procureurs fondez de procurations speciales, passées pardevant notaires, & dont il restera minute, les hommages dont ils sont tenus; sans qu'il puisse estre, à cause desdites procurations, reçû desdits vassaux plus grands droits, que s'ils rendoient leurs hommages en personne: ordonne que ceux des vassaux qui n'y ont point encore satisfait, seront tenus de le faire incessamment, sinon qu'il sera procedé par saisies feodales de leurs fiefs, à la requeste des procureurs generaux auxdites chambres des Comptes, ou des procureurs du Roy des bureaux des finances : deffend d'user d'aucunes autres voyes, soit de condamnations d'amendes, courses d'huissiers chez les vassaux, ou autrement; & auxdits huissiers, de recevoir d'eux aucunes sommes pour frais de saisies feodales & autres frais, qu'en vertu des taxes qui leur seront faites, dont ils laisseront copie & donneront quitance auxdits vassaux, à peine de punition exemplaire.

Du 22. Decembre 1733.

* Arrest du Conseil, qui declare commun avec les officiers de la maistrise particuliere des Eaux & Forests du Mans, celuy du 30. avril 1726. par lequel il a esté ordonné que le sieur Bruley greffier, tant du bailliage & prevosté de Sezanne, que des experts de la mesme ville, seroit tenu de remettre au greffe de la maistrise de Sezanne, la minute d'un procès-verbal de visite faite par les experts nommez par sentence de ladite maistrise, du 9. juillet 1722. & de rendre & restituer au sieur Thomas Gandeme greffier de la maistrise des Eaux & Forests de Sezanne, les journées & droits qu'il avoit perçûs, tant pour la confection, dépost & expedition du procès-verbal en question, que ceux precedemment par luy faits, & de les remettre au greffe de ladite maistrise; en consequence, fait très-expresses inhibitions &

deffenses au nommé Jacques-Louis le Marechal greffier des experts de la seneschaussée & siege presidial du Mans, d'entreprendre sur les droits & fonctions du greffier de la maistrise des Eaux & Forests de ladite ville du Mans, à peine de mille livres d'amende.

Du 22. Decembre 1733.

* Lettres patentes, *registrées en Parlement le 3. mars 1734.* qui ordonnent qu'à commencer de l'ordinaire 1735. les cent quatre-vingt arpens de bois blanc, de l'âge de trente-cinq à quarante ans, qui se trouvent dans la forest de Reno, maistrise de Mortagne, aux triages de Billy, de Fontaine-Blanche, & de la Vallée de la Madeleine, seront coupez par récepage, à raison de quinze arpens par an.

Du 29. Decembre 1733.

Arrest du Conseil, qui ordonne que la veuve Fruleux & le sieur Fruleux son fils, & la veuve & heritiers Marcotte, seront tenus, chacun à leur égard, de fournir aux sieurs Lelez du Plessis & Palizot d'Athis, successivement receveurs generaux des domaines de Haynaut, Flandre & Artois, un estat fidelle de tous les droits seigneuriaux casuels par eux perçûs depuis l'edit du mois de may 1715. à cause du fief & seigneurie des domaines de Lens, d'Andrieux & Bredenarde, adjugez aux deffunts sieurs Fruleux & Marcotte, & d'en remettre le montant auxdits sieurs Lelez & Palizot, avec les interests du jour de la perception; desquels droits lesdits receveurs seront tenus de faire raison de quatorze sols pour livre, aux fermiers generaux & sous-fermiers des domaines de Haynaut, Flandre & Artois, proportionnement à ce qui leur en revient à chacun pendant le cours de leurs baux: fait deffenses aux veuves & heritiers Fruleux & Marcotte, de s'immiscer à l'avenir dans la perception desdits droits dûs & eschûs, ou qui escherront cy-après, pour mutation de fiefs & seigneuries;

seigneuries; sauf à eux à se pourvoir sur leurs demandes en indemnité ou résiliation des adjudications à eux faites, ainsi qu'ils aviseront bon estre. Permet auxdites veuves & heritiers Fruleux & Marcotte, de percevoir directement par eux-mesmes, des redevables, les droits de mutation, eschûs & à escheoir, à cause des rotures dépendantes desdits domaines, sans aucune déduction des six sols pour livre, pretendus par les receveurs generaux & autres officiers du domaine. Declare ladite veuve & heritiers Fruleux, exempts en entier des droits de mutation, pretendus sur la terre de Souchet, acquise par le feu sieur Fruleux Secretaire de Sa Majesté près le Conseil provincial d'Artois.

Du 29. Decembre 1733.

* Arrest du Conseil, qui reçoit l'inspecteur du domaine opposant à celuy du 20. decembre 1707. en ce qu'il maintient les officiers du Comté de Joigny dans le droit d'exercer leur jurisdiction sur les eaux & forests appartenant aux particuliers, ecclesiastiques, communautez & gens de main-morte dudit Comté; déboute M. le Duc de Villeroy & les maire & eschevins de Joigny, de leur opposition à l'arrest du Conseil du 22. avril 1732. & renvoye lesdits maire, eschevins & habitans de ladite ville, en la maistrise de Montargis, pour y proceder en execution dudit arrest, & de l'ordonnance du maistre particulier de ladite maistrise, du 12. septembre 1732.

Du 29. Decembre 1733.

Arrest du Conseil, qui ordonne que dans les estat au vray & compte que Remy Barbier doit rendre au Conseil & en la chambre des Comptes, du prix de son bail, de portion des casuels des domaines, & des joüissances des domaines engagez à vie, la premiere année du décès des engagistes, montant à soixante-dix mille livres pour chacune des années

1730. 1731. & 1732. il y sera fait despense, sçavoir, en l'année 1730. de la somme de trente-cinq mille livres, sous le nom du tresorier de l'Ordre de Saint Louis, pour les six premiers mois de ladite année, des soixante-dix mille livres de rente annuelle accordée audit Ordre en augmentation de dot & de fondation, par edit de May 1730. dont le fonds n'a point esté fait dans l'estat de distribution des charges assignées sur les domaines de la generalité de Paris, de ladite année 1730. attendu qu'il avoit esté payé par ledit Barbier; plus, de la somme de dix mille livres pour la premiere moitié des vingt mille livres ordonnées aux tresoriers de France, pour leur entier remboursement des frais de la nouvelle construction d'une chambre du tresor & domaine en la grande salle du Palais; plus, de la somme de mille quatre-vingt-dix-huit livres six sols neuf deniers, pour les espices & frais du compte à rendre en la chambre des Comptes de Paris, pour ladite année 1730. & de la somme de vingt-trois mille neuf cens une livres treize sols trois deniers, sous le nom de Pierre Carlier, lors fermier general des domaines de France, lequel sera tenu d'en compter à Sa Majesté, outre & par-dessus le prix de son bail: en l'année 1731. de la somme de dix mille livres, pour la derniere moitié des vingt mille livres dûës auxdits tresoriers de France; plus, de celle de mille quatre-vingt-dix-huit livres six sols neuf deniers, pour les espices & frais du compte à rendre en ladite chambre; & de la somme de cinquante-huit mille neuf cens une livres treize sols trois deniers, sous le nom dudit Carlier, pour en compter comme dessus: & en l'année 1732. de la somme de mille quatre-vingt dix-huit livres six sols neuf deniers, pour les espices & frais du compte de ladite année; & de la somme de soixante-huit mille neuf cens une livres treize sols trois deniers, sous le nom dudit Carlier, pour en compter à Sa Majesté comme dessus: le tout suivant les estats qui en seront arrestez au Conseil, pour chacune desdites trois années.

Du mois de Janvier 1734.

* Edit du Roy, *regiſtré en Parlement le 3. Mars 1734.* qui confirme les Chevaliers du Saint Eſprit dans leurs anciens privileges, & particulierement dans l'exemption du dixieme, en payant la ſomme d'un million : Et création de deux offices de treſoriers generaux du marc d'or, & de deux controlleurs deſdits treſoriers; *contenant huit articles.*

Du 4. Janvier 1734.

* Declaration du Roy, portant que les receveurs generaux des domaines & bois ſeront tenus de faire à l'avenir toutes les pourſuites neceſſaires contre les parties civiles, les engagiſtes des domaines, & les ſeigneurs haut-juſticiers, enſemble ſur les biens des condamnez, pour le recouvrement des frais qui pourront eſtre repetez, ou qui auront eſté indûëment pris ſur les revenus des domaines, pour la pourſuite & le jugement des procez criminels; & attribuë auxdits receveurs generaux des domaines & bois, quatre ſols pour livre de remiſe ſur les ſommes qu'ils porteront au treſor royal, provenant du recouvrement deſdits frais. *Regiſtrée en la chambre des Comptes, le 19. janvier 1734.*

Du 5. Janvier 1734.

* Arreſt du Conſeil, qui proroge juſqu'au premier juillet 1734. le délay cy-devant accordé pour faire controller tous les actes de foy & hommage, adjudications de bois, & autres actes paſſez devant les juges, greffiers & autres officiers de juſtice, de nature à pouvoir eſtre faits pardevant notaires; enſemble pour les declarations ou reconnoiſſances aux papiers terriers, aveux, dénombremens & actes de reception d'iceux, &c.

Du 6. Janvier 1734.

* Declaration du Roy, portant que celle du 17. fevrier 1731. qui ordonne que toutes donations, à l'exception de celles qui seront faites par contract de mariage en ligne directe, seront insinuées au siege des cas royaux, sera executée dans le comté de Clermont en Argonne; sans néantmoins que le deffaut d'insinuation dans la justice des cas royaux, puisse estre opposé par rapport aux insinuations, dont le seul deffaut seroit de n'avoir pas esté faites audit siege des cas royaux, avant la publication de la declaration du mois de fevrier 1731. *Registrée en Parlement le 20. janvier 1734.*

Du 19. Janvier 1734.

Arrest du Conseil, qui ordonne aux marchands & negocians du royaume, de faire enregistrer aux greffes, les extraits des societez qu'ils font entr'eux sous signature privée : prescrit la maniere en laquelle ils doivent le faire, & fixe les droits de controlle desdites societez, & des extraits d'icelles; *contenant quatre articles.*

Du 26. Janvier 1733.

* Arrest du Conseil, qui descharge les religieux, superieur & convent des Minimes, & la superieure des religieuses du mesme ordre, de la ville d'Abbeville, des droits d'amortissement de deux rentes de vingt-cinq livres chacune sur l'hostel de ville de Paris, & assignées sur les aydes & gabelles, à eux cedées & abandonnées par acte du 21. Juillet 1732. pour l'execution du testament du sieur Doresmieux, du premier avril 1731. attendu que les rentes sur la ville, appartenant aux gens de main-morte, sont exemptes des droits d'amortissement.

Du 26. Janvier 1734.

* Arreſt du Conſeil, qui ordonne que le ſieur Nicolas-Charles Dumont gentilhomme de la Fauconnerie, ſera tenu de payer à François Courtin ſous-fermier des domaines du Roy & droits y joints de la generalité de Soiſſons, les droits de franc-fiefs pour la portion du fief des Boulets, eſchûë à ſa femme par le décès de Pierre Barbier, nonobſtant l'arreſt du Conſeil du 5. avril 1727. rendu ſur la requeſte du ſieur de Fourcy, non communiquée au fermier, & par conſequent non rendu en finance, par lequel celuy du 13. Decembre 1695. qui deſcharge des franc-fiefs, les gentilshommes de la Venerie, a eſté declaré commun avec les gentilshommes de la grande Fauconnerie.

Des 12. May 1733. & 26. Janvier 1734.

* Arreſts du Conſeil, qui ordonnent que les droits de peages eſtablis au profit du Roy ſur le pont proviſionnel de Mantes, ſeront payez ſuivant le tarif annexé audit arreſt, par toutes ſortes de perſonnes, de quelque qualité & condition qu'elles ſoient, exemptes & non exemptes, à peine de deſobéiſſance, & d'eſtre extraordinairement procedé contr'eux, en cas de rebellion; à l'exception néantmoins des officiers & archers des mareſchauſſées, & des commis des fermes du Roy, qui en ſeront & demeureront exempts & deſchargez.

Du 2. Fevrier 1734.

* Declaration du Roy, portant que les gages intermediaires des officiers décedez ou qui décederont, ſeront payez au fermier une année après celle de l'exercice des treſoriers, receveurs & payeurs des gages des officiers de juſtice, police, finances, mareſchauſſées & tous autres, nonobſtant l'arreſt d'enregiſtrement intervenu à la chambre des Comptes ſur la declaration du 25. juillet 1733. par lequel il eſt porté que

lesdits gages intermediaires resteront entre les mains desdits tresoriers-payeurs, pendant deux années, outre celle de leur exercice. *Registrée en la chambre des comptes de Paris le 31. mars 1734.*

Du 2. Fevrier 1734.

* Arrest du Conseil, qui reçoit les Chartreux de la grande Chartreuse opposans au reglement des sieurs Commissaires de la réformation des bois de la province du Dauphiné, du 15. octobre 1731. les maintient dans les privileges qui leur ont esté cy-devant accordez, de joüir de leurs bois en bons peres de famille: prescrit ce qui doit estre observé pour la conservation & la coupe, tant des bois qui leur appartiennent en propre, que de ceux dont ils joüissent en commun, ou par usage avec les habitans des paroisses & communautez: & deffend auxdits Chartreux, de faire sortir leurs bois hors du royaume sans permission.

Du 9. Fevrier 1734.

* Arrest du Conseil, qui ordonne que les actes passez pardevant les notaires seigneuriaux de la vicomté de Turenne, mesme ceux passez pardevant les notaires royaux residant dans ladite Vicomté, & entre parties qui y sont domiciliées, seront exempts des droits & de la formalité du controlle, lorsqu'ils seront produits en cause d'appel devant les juges royaux; sans néantmoins que lesdits actes puissent estre dispensez du controlle, lorsque les parties voudront acquerir hypotheque, les signifier, former aucune demande, ou faire aucun acte de justice en consequence d'iceux, hors ladite vicomté: & declare sujets audit controlle les actes qui y seront passez, lorsqu'un des contractans n'y sera pas domicilié.

Du 9. Fevrier 1734.

* Arrest contradictoire du Conseil, rendu entre les fermiers

des domaines & droits y joints de la generalité de Tours, du bail de Jean Dallié subrogé à Jacques Petron, & Michel Henry interessé en ladite ferme, & inspecteur-receveur dans la mesme generalité, pour raison tant du compte par luy rendu, que de l'emprisonnement de sa personne, sous pretexte de debets occasionnez par la perte d'une somme de quatorze cens livres en billets de banque envoyez par la poste, & autres articles rayez mal-à-propos dans son compte: déboute les cautions de Dallié, de l'appel par eux interjetté de l'ordonnance de M. l'Intendant de Tours, du 22. janvier 1732. au chef qui concerne l'allocation des quatorze cens livres de billets de banque perdus, en affirmant par Henry que lesdits billets ont esté mis à la poste: ordonne que ladite ordonnance sera executée à cet égard; met l'appel interjetté par Henry, de ladite ordonnance, au néant, en ce que par icelle il a esté débouté de sa demande en restitution d'une somme de neuf livres quinze sols, dont il s'estoit chargé de trop en recette, & du payement par luy demandé des interests des sommes auxquelles Dallié & ses cautions ont esté condamnez envers luy, ainsi que de la radiation de son écrou. Ordonne, quant à ces trois chefs de demandes, 1.° Que les neuf livres quinze sols & interests luy seront payez. 2.° Declare son emprisonnement injurieux, tortionnaire & déraisonnable, & que l'écrou de sa personne sera rayé & biffé des registres des prisons du chastelet. 3.° Condamne Dallié & ses cautions à rendre une somme de trois cens seize livres quatre sols, payée par Henry à un huissier, avec les interests. 4.° Condamme en outre ledit Dallié & ses cautions en deux mille livres de dommages & interests envers ledit Henry, & en tous les despens.

Du 13. Fevrier 1734.

* Arrest du Conseil, qui ordonne par provision, qu'en execution de l'arrest du Conseil du 3. fevrier 1671. & autres

reglemens, les tresoriers de France de Bordeaux continuëront de joüir du rang & de la séance qui leur appartiennent parmi les officiers de la cour des Aydes de la mesme ville.

Des 16. Fevrier & 8. Juin 1734.

* Arrests du Conseil; le premier ordonne, sans s'arrester à l'ordonnance du sieur de Fontanieu, Intendant de Dauphiné, du premier septembre 1733. que les droits de centieme denier des biens de la succession du deffunt sieur abbé de Belmont, décedé en Canada au mois de May 1732. dont le testament a esté déposé le 18. decembre de la mesme année, appartiendront au fermier du nouveau bail, nonobstant la demande formée par le precedent fermier, le 22. juin 1733. dans les sept mois du jour du dépost, mais non pas dans les sept mois du jour du décès, comme elle devoit l'estre, conformement aux arrests de reglement des 9. decembre 1718. & 4. aoust 1719.

Et le second, déboute le precedent fermier ou ses cessionnaires, de leur opposition audit arrest du 16. fevrier 1734. qui sera executé.

Du 16. Fevrier 1734.

* Arrest du Conseil, qui, sans avoir égard à l'arrest du Parlement d'Aix du 21. juillet 1731. qui a reçû l'appel interjetté par le sieur Alexandre-Charles de Blair, receveur general des consignations de Provence, des ordonnances du bureau des finances de Provence, des 3. novembre 1730. & 18. avril 1731. par lesquelles il luy avoit esté enjoint de rapporter ses provisions au bureau, à l'effet d'y estre enregistrées, les parties procederont au Conseil; leur fait deffenses de se pourvoir ailleurs, & à tous juges d'en connoistre, à peine de nullité, cassation de procedures, & de tous despens, dommages & interests.

Du 16. Fevrier 1734.

* Arrest du Conseil, qui ordonne que les actes passez pardevant

pardevant les notaires ſeigneuriaux du comté de Montfort & Aillac, meſme ceux paſſez devant les notaires royaux reſidant dans ledit comté, & entre parties qui y ſont domiciliées, ſeront exempts des droits & de la formalité du controlle, lorſqu'ils ſeront produits en cauſe d'appel devant les juges royaux, après avoir eſté produits en premiere inſtance devant les juges du comté de Montfort & Aillac: ſans néantmoins que leſdits actes puiſſent eſtre diſpenſez du controlle, lorſque les parties voudront acquerir hypotheque, les ſignifier, former aucune demande, ou faire aucun acte de juſtice en conſequence d'iceux, hors ledit comté: & declare ſujets audit controlle les actes qui y ſeront paſſez, lorſqu'un des contractans n'y ſera pas domicilié.

Du 23. Fevrier 1734.

* Arreſt du Conſeil, qui ordonne l'execution des edits, declarations, arreſts & reglemens du Conſeil, concernant les privileges & exemptions des officiers des bureaux des finances: confirme le ſieur Quillet avocat du Roy au bureau des finances de la generalité de Soiſſons, dans le droit de faire valoir quatre charruës, ſans pouvoir eſtre impoſé à la taille: fait deffenſes aux habitans & collecteurs de Nampteüil-la-Foſſe, de le comprendre à l'avenir dans leurs rolles, à peine d'en reſpondre en leur propre & privé nom.

Du 2. Mars 1734.

* Arreſt du Conſeil, qui ordonne, ſans s'arreſter à l'ordonnance du ſieur de Fontanieu Intendant de la province de Dauphiné, du premier ſeptembre 1733. que le droit d'amortiſſement perçû par les ceſſionnaires des reſtes du bail du fermier precedent, pour l'acquiſition d'un pré, que les religieux Auguſtins de Noſtre-Dame de Lauſier ont faite, par acte ſous ſignature privée, du 6. decembre 1732. ſera reſtitué au fermier actuel, attendu que les actes ſous ſeing-

privé, n'acquierent de date que du jour qu'ils sont reconnus en justice, ou pardevant notaires, conformement à l'arrest de reglement du 11. janvier 1734.

Du 9. Mars 1734.

* Arrest du Conseil, qui ordonne que les curez des paroisses de Sure & de Vienne en Blois, & des autres paroisses qu'il appartiendra, seront tenus de publier aux prosnes des messes de leurs paroisses, les adjudications, tant des ventes ordinaires, que des bois chablis & menus marchez, à peine de cent livres d'amende.

Du 16. Mars 1734.

* Arrest du Conseil, qui ordonne que les filles de la Providence de la ville de Seez, associées au Clergé dudit diocèse, seront tenuës de payer à François Courtin, sous-fermier des domaines & droits y joints en la generalité de Caën, ses commis ou préposez, la somme de trois cens trente-trois livres six sols huit deniers, pour les droits d'amortissement d'un jardin situé au hameau de Caly, paroisse de Saint Gilles de la ville de Caën, & d'une petite piece de terre labourable, située au village du Guey, paroisse de Taillebois, par elles acquises du sieur du Royer curé de ladite paroisse.

Du 19. Mars 1734.

* Contract, par lequel le Roy accepte un don gratuit de douze millions, fait par le Clergé, pour tenir lieu du dixieme de ses revenus.

Declare que les registres, rolles, départemens, exploits, procedures, jugemens, advertissemens, commandemens, assignations, saisies, arrests, executions, procurations, deliberations, & toutes les diligences qu'il conviendra faire pour raison & à l'occasion de la levée, tant dudit don gratuit, que pour le recouvrement de toutes les impositions faites jusqu'à ce jour sur le Clergé, pourront estre faits en papier non timbré, & seront deschargez du droit de controlle des exploits.

Que les rentes qui seront constituées sur le Clergé par les gens de main-morte, pour lesdits douze millions, seront exemptes de tous droits d'amortissement & de nouveaux acquests, de controlle, insinuation & autres pareils droits, ainsi que les rentes qui seront par eux acquises, ou qui leur seront données & leguées à tel titre, pour quelque cause & en quelque sorte & maniere que ce puisse estre; à l'effet de quoy il est dérogé à tous edits & declarations à ce contraires.

Que si les rentes qui seront constituées pour les douze millions, venoient à écheoir au Roy par droit d'aubaine, deshérence, bastardise, confiscation, forfaiture ou autrement, (aux exceptions portées par les lettres patentes du 23. mars 1734. expediées sur la deliberation du Clergé du 11. desdits mois & an) en ce cas, lesdites rentes seront & demeureront esteintes & amorties à la descharge du Clergé; sans que les fermiers des domaines y puissent rien pretendre, ni qu'elles puissent estre comprises dans les dons que Sa Majesté pourroit faire, des biens sujets aux droits d'aubaine, deshérence, bastardise, confiscation, forfaiture, ou autres, sans qu'il soit besoin d'en faire une reserve expresse dans les baux des domaines, ni dans les brevets desdits dons; Sa Majesté faisant dès-à-present, don au Clergé desdits rentes & arrerages qui se trouveroient dans quelques-uns des cas cy-dessus.

Que les ecclesiastiques & beneficiers joüiront, conformement aux precedens contracts, de l'exemption de toutes impositions mises &, à mettre sur les denrées, pour la descharge des dettes des communautez, qui sont ou seront dûës pour subsistance, taxes d'aisez, emprunts, estapes & autres de cette nature; comme aussi qu'ils joüissent, ensemble les communautez seculieres & regulieres de l'un & de l'autre sexe, des privileges & exemptions énoncez aux precedens contracts; & que les edits, declarations, arrests & reglemens rendus en faveur du Clergé, sur le fait des tailles, aydes & du sel, soient executez; & sans que les edits, declarations & arrests expediez pour secours extraordinaires pendant la derniere & presente guerre, en vertu desquels les ecclesiastiques ont esté imposez, pour payer sur leurs benefices, des taxes particulieres, ou leur part des rachats desdits edits & arrests, puissent estre tirez à consequence contr'eux à l'avenir, sous quelque pretexte, & pour quelque cause que ce soit : & sera ledit contract, ainsi que les précedens, exempt de la formalité, & des droits d'insinuation & de controlle.

Du 23. Mars 1734.

* Arrest du Conseil, & lettres patentes, *registrées au Parlement le 30. mars 1734.*

Qui confirment & authorisent les deliberations de l'assemblée generale extraordinaire du Clergé de France, des 27. fevrier & 11. mars 1734. au sujet de la somme de douze millions de livres de don gratuit accordé à Sa Majesté, pour tenir lieu du dixiéme de ses revenus; declarent exemptes des droits d'amortissement, nouveaux acquests & autres, les rentes qui seront constituées par le Clergé, en consequence desdites deliberations, au profit des diocèses, beneficiers, communautez ecclesiastiques seculieres & regulieres, & autres gens de main-morte, ainsi que les rentes qu'ils pourront acquerir, & de celles qui seront constituées par le Clergé.

Exemptent des droits de controlle, insinuation & autres de cette nature, les contracts & autres actes qui seront passez par le Clergé general & par les diocèses, concernant l'emprunt des douze millions de don gratuit & choses en dépendantes.

Ordonnent que les advertissemens, commandemens, assignations, saisies, arrests, executions, quitances, registres, procurations, deliberations, & autres expeditions & diligences à faire pour raison du recouvrement de l'imposition ordonnée par lesdites deliberations, & de toutes les autres impositions faites jusqu'à ce jour sur le Clergé, continuëront d'estre faites en papier ou parchemin non timbré, & sans estre sujets au payement du controlle des exploits.

Du 30. Mars 1734.

* Arrest du Conseil, qui juge qu'un cessionnaire de bail emphytéotique, est sujet au droit de franc-fief.

Du 30. Mars 1734.

* Arrest du Conseil, qui maintient les huissiers audienciers des maistrises des eaux & forests, dans l'exemption du logement de gens de guerre, & autres privileges attribuez à leurs offices.

Du 6. Avril 1734.

* Declaration du Roy, *registrée au parlement de Bretagne le 3. may 1734.* portant que les provisions des officiers des maistrises particulieres des eaux & forests, seront adressées aux gens tenant la cour du Parlement de ladite province, à la chambre des Eaux & Forests à Rennes, & au grand maistre enquesteur & general reformateur des Eaux & Forests de ladite province de Bretagne; & que tous lesdits officiers seront tenus de s'y faire recevoir, & d'y prester serment en la maniere accoustumée.

Du 6. Avril 1734.

* Declaration du Roy, *registrée en la chambre des Comptes, le 16. avril 1734.* portant reglement pour la reddition des comptes des amendes, restitutions, confiscations & condamnations concernant les eaux & forests; *contenant dix articles.*

Du 13. Avril 1734.

* Lettres patentes, *registrées en Parlement le 2. juin 1734.* qui ordonnent l'ouverture de cinq routes dans la forest de Remy, maistrise de Clermont en Beauvoisis, & l'adjudication tant des baliveaux, taillis & autres bois, que de la construction des fossez & poteaux necessaires à la conservation des routes.

Du 4. May 1734.

* Arrest du Conseil, qui enjoint aux payeurs des gages des officiers de la Chancellerie establie en Dauphiné, de compter par estat au vray au bureau des finances de Grenoble, à peine de cinq cens livres d'amende, & de tous despens, dommages & interests.

Du 11. May 1734.

* Lettres patentes, *registrées au Parlement le 2. juin 1734.* qui ordonnent la vente de trois parties de bois, montant à la quantité de cent soixante-quatorze arpens vingt-cinq perches ou environ, dépendant du domaine de Versailles.

Du 18. May 1734.

Arrest du Conseil, qui declare nulles deux assignations données au chastelet de Paris le 17. avril 1734. par le sieur Crozat, cy-devant fermier de la principauté d'Orange, à Pierre Carlier & Nicolas Desboves successivement adjudicataires des fermes generales-unies, pour se voir condamner à luy payer chacun la somme de trois cens soixante-cinq livres huit sols neuf deniers, faisant en tout celle de sept cens trente livres dix-sept sols six deniers avec les interests suivant l'ordonnance, pour pareille somme dont ledit sieur Crozat pretend avoir tenu compte au sieur Sautel, sous-fermier de l'isle de Cadenet: fait deffenses de faire sur icelles aucunes poursuites; évoque au Conseil la demande dudit sieur Crozat; & ordonne que, pour y faire droit, il sera tenu de remettre entre les mains du sieur Controlleur general des finances, sa requeste & les pieces dont il entend se servir, dans un mois à compter du jour de la signification qui luy sera faite dudit arrest.

Du 29. Juin 1734.

* Arrest du Conseil, qui ordonne que les maire & eschevins de la ville de Poitiers payeront les droits de franc-fiefs, des biens nobles qu'ils possedent, nonobstant les dispositions portées par les lettres patentes du mois de decembre 1718. portant confirmation de leurs privileges.

Du 6. Juillet 1734.

* Arrest du Conseil, qui proroge jusqu'au dernier decembre 1734. le delay accordé par celuy du 5. janvier precedent, pour le controlle des actes de foy & hommage, declarations & reconnoissances aux papiers terriers & autres actes passez devant les juges, greffiers, ou autres officiers de justice, de nature à pouvoir estre faits également pardevant notaires.

Du 13. Juillet 1734.

* Arrest du Conseil, qui évoque la connoissance des ordonnances du bureau des finances de Tours, renduës en direction de Voyerie; & fait deffenses à Jacques Barré huissier à cheval au chastelet de Paris, de se pourvoir ailleurs qu'au Conseil, pour raison du mur qu'il a fait élever le long du grand chemin qui va de Tours au bourg de Fondette, à peine de nullité, cassation de procedures, & de tous despens, dommages & interests.

Du 17. Juillet 1734.

* Ordonnance de M. le Baron de Beauvais, seigneur des

grand & petit Gentilly, portant reglement pour la pesche de la riviere de Bievre dans l'estenduë de cette seigneurie.

Du 27. Juillet 1734.

Arrest du Conseil, qui unit un office de tresorier de France au bureau des finances de Metz, à celuy de president au mesme bureau, dont le sieur Gillet de Vaucourt est pourvû: luy permet de le desunir, le vendre & en disposer, ainsi & quand bon luy semblera; & ordonne qu'en attendant qu'il ait esté expedié de nouvelles provisions dudit office de tresorier de France, ledit sieur Gillet de Vaucourt joüira & sera payé des gages & droits appartenant audit office, à compter du jour & date dudit arrest, de mesme que s'il y avoit esté reçû, en rapportant pour une fois seulement, copie collationnée de ses provisions & dudit arrest, avec quitances de luy sur ce suffisantes.

Du 3. Aoust 1734.

* Arrest du Conseil, qui exempte du droit de sceau les extraits de rolles des foüages de la province de Bretagne; & ordonne qu'à commencer du premier janvier 1739. il ne sera perçû qu'un seul droit de sceau desdits rolles, & ce sur le pied de la somme entiere de chaque rolle.

Du 10. Aoust 1734.

* Arrest du Conseil, qui regle les fonctions d'entre le maistre particulier & le lieutenant de la maistrise des eaux & forests d'Argentan; *contenant treize articles.*

Du 24. Aoust 1734.

* Arrest du Conseil, qui declare que les commandemens faits aux redevables des droits des fermes du Roy, à la requeste de ses fermiers & sous-fermiers, continuëront d'estre controllez par les commis au controlle des exploits, pourvû qu'ils

qu'ils ſoient preſentez dans le neuvieme jour de leur date : fait très-expreſſes deffenſes auxdits commis, d'en refuſer le controlle dans ledit temps, à peine de demeurer reſponſables des dommages & intereſts deſdits fermiers & ſous-fermiers, & d'interdiction : ordonne que conformement au tarif annexé à la declaration du 17. fevrier 1688. leſdits redevables ne pourront eſtre contraints à payer les frais deſdits commandemens, pas meſme le timbre, lorſqu'ils acquiteront leſdits droits dans le huitieme jour de la date deſdits commandemens.

Du 31. Aouſt 1734.

* Jugement ſouverain, rendu par M.rs les commiſſaires generaux reformateurs de la maiſtriſe des eaux & foreſts d'Arques, département de Roüen, contre les officiers d'icelle.

Qui condamne le ſieur de Beuville lieutenant en ladite maiſtriſe, en deux mille livres d'amende envers le Roy, & les deux ſols pour livre de ladite ſomme ; confiſque ſa charge au profit de Sa Majeſté ; le declare incapable d'en exercer aucune autre à l'avenir dans les maiſtriſes des eaux & foreſts, pour avoir fait couper & enlever par récidive pluſieurs charretées de bois & pluſieurs cheſnes à baſtir, & heſtres, tant dans la foreſt d'Eaüy, que ſur les rives & foſſez ; avoir vendu un arbre ; fait combler partie des foſſez ; fait conſtruire aux rives de ladite foreſt des fours à chaux & à briques ; comme auſſi pour n'avoir fait aucunes viſites generales des foreſts de ladite maiſtriſe, pendant l'interdiction du ſieur de Milleville maiſtre particulier de ladite maiſtriſe ; avoir, de complicité avec les autres officiers d'icelle, reçû pluſieurs preſens des marchands de bois ; fait pluſieurs repas & bûvettes lors des recollemens ; s'eſtre fait défrayer par leſdits marchands, tant chez eux, que chez leurs facteurs, & au cabaret : le declare pareillement atteint & convaincu d'avoir, par affectation ou autrement, retardé & empeſché le jugement des procez-verbaux du garde-marteau, & autres abus & prévarications mentionnées au procès.

Declare le sieur de Milleville, maistre particulier de ladite maistrise, incapable de posseder aucune charge dans les maistrises des eaux & forests; luy enjoint de se défaire de sa charge dans trois mois; & faute de quoy, la declare impetrable, sans qu'il soit besoin d'aucun autre jugement; le condamne en trente mille livres d'amende envers le Roy, & aux deux sols pour livre de ladite somme, pour n'avoir fait, ni réiteré ses procez-verbaux de visite des forests de ladite maistrise d'Arques, ainsi qu'il y est obligé par l'ordonnance de 1669. & l'edit de 1716. d'en avoir fait quelques-uns informes, sous des dates suspectes & surchargées, & en termes totalement contraires au veritable estat des forests; avoir souffert le marteau de ladite maistrise, abandonné dans le greffe non fermé; & fait marquer par le commis du greffe, des baliveaux dans les ventes, après les adjudications; comme aussi de n'avoir fait aucunes assietes des ventes depuis sa reception en sa charge; en avoir faussement signé comme present, les procez-verbaux trouvez sur les registres; d'avoir fait & signé des procez-verbaux de martelages & baliveages dans des jours & sous des dates suspectes; d'avoir souffert sur les registres de ladite maistrise, plusieurs renvois surchargez, ratures & transpositions non approuvées; & pareillement convaincu d'avoir, de complicité avec les autres officiers, fait plusieurs repas & bûvettes, lors des recollemens chez les adjudicataires, leurs facteurs, & au cabaret, aux despens desdits marchands adjudicataires; d'avoir reçû plusieurs presens d'eux annuellement; & d'avoir, contre & au prejudice de l'arrest du Conseil du 8. janvier 1715. pris des sommes d'argent des particuliers, pour permission d'abattre des bois de haute futaye; de n'avoir fait marquer dans les trois pieds de lisiere, les arbres reservez par les mandemens, & mentionnez aux procez-verbaux d'assiettes; d'avoir contre & au prejudice de l'ordonnance & dudit edit, negligé de viser les rolles des amendes dans leur temps; d'en avoir visé plusieurs sous la mesme date, & plusieurs autres sans date; d'avoir arresté des comptes sans conclusions du procureur du Roy, & ne s'estre conformé aux ordonnances, au sujet des déliquans en récidive; les avoir passé plusieurs fois en carence, ce qui a occasionné leur insolvabilité & la perte des amendes pendant plus de douze années. Declare pareillement le sieur Jolly, procureur du Roy en ladite maistrise, incapable de posseder aucunes charges dans les maistrises des eaux & forests; luy enjoint de se défaire de sa charge dans trois mois, sinon la declare impetrable, sans qu'il soit besoin d'autre jugement; le condamne en outre en vingt mille livres d'amende envers le Roy, & aux deux sols pour livre d'icelle, pour avoir, contre & au prejudice des ordonnances & arrests, laissé le marteau du Roy abandonné dans le greffe, sans estre enfermé; avoir souffert le greffier & autres, faire seuls, & en particulier, des martelages & baliveages; avoir, de complicité avec le sieur de Milleville, signé des procez-verbaux de martelage & baliveage, dans des jours & sous des dates suspectes; comme aussi de n'avoir requis, ni fait faire aucunes assietes de ventes; & néantmoins d'en avoir, de complicité avec ledit maistre particulier, faussement signé comme present, les procez-verbaux faisant mention de martelage de pieds corniers & arbres de paroy; de n'avoir reservé, ni fait marquer dans plusieurs ventes, les arbres dans les trois pieds de lisiere portez en reserve dans le mandement du grand-maistre; d'avoir plusieurs fois retardé le jugement des procez-verbaux dudit garde-marteau, en refusant d'y conclurre, suivant l'usage & aux termes de l'ordonnance; d'avoir, de complicité avec ledit maistre particulier, exigé & reçû de l'argent des particuliers, pour permission d'abattre des bois de haute futaye; d'avoir reçû annuellement des presens des marchands de bois, pris des repas chez eux lors des ventes & recollemens,

& s'estre fait défrayer, ainsi que ses valets & chevaux, au cabaret, par lesdits marchands adjudicataires; & encore, de n'avoir, suivant & aux termes de l'ordonnance, poursuivi les greffiers & collecteurs des amendes, aux fins de la confection des rolles en forme, suivant l'edit de 1716. & diligences en consequence, & le receveur des amendes aux fins de la reddition de ses comptes; de n'avoir, suivant la rigueur de ladite ordonnance & dudit edit, conclu contre les delinquans en récidive, quoyqu'ils se soient presentez plusieurs fois à la mesme audience, & aux audiences suivantes; lesquels abus & contraventions ont donné lieu à l'insolvabilité & perte de la plus grande partie des amendes.

Condamne le sieur Nicollet greffier de ladite maistrise, en trois mille livres d'amende envers le Roy, & aux deux sols pour livre de ladite somme; le declare incapable d'exercer les fonctions de greffier de la maistrise d'Arques; luy deffend d'en faire aucunes, sous peine de faux; le tout pour avoir esté convaincu de plusieurs abus, negligences & contraventions dans l'exercice de son greffe; d'avoir, de complicité avec ses juges, faussement porté & fait signer sur son registre, des procez-verbaux d'assiettes qu'ils n'avoient point faites; de n'avoir dressé les rolles dans les temps & en la forme prescrite par l'edit de 1716.

Et pour avoir, par le nommé Vaillant garde-marteau en ladite maistrise, participé depuis sa reception, à partie des abus & contraventions commis par lesdits sieurs de Milleville & Jolly; luy enjoint d'estre plus circonspect à l'avenir dans ses fonctions; à l'effet de quoy il est mandé devant les sieurs commissaires; & le condamne en outre en trois cens livres d'amende envers le Roy, & aux deux sols pour livre de ladite somme.

Condamne le nommé Gassion garde en ladite maistrise, à un bannissement à perpetuité, des forests, & en une double amende de trois cens livres envers le Roy, & aux deux sols pour livre d'icelle, pour avoir reçû des presens en bled & avoine, à l'effet de laisser les bestiaux pasturer dans les ventes de sa garde, & mettre les porcs sous les bois de haute futaye, & d'avoir laissé enlever les arbres arrachez.

Des 26. Fevrier 1732. 2. & 7. Septembre 1734.

Arrest du Conseil & lettres patentes du 26. fevrier 1732. *registrées au parlement de Roüen le 20. mars suivant*, qui nomment des commissaires pour la reformation generale de la maistrise d'Arques, département de Roüen, & des bois & forests en dépendant.

Jugement du 2. septembre 1734. qui condamne aux galeres par contumace, les nommez Helie & le Clerc, pour avoir fait ou fait fabriquer un faux marteau, & d'avoir marqué ou fait marquer avec iceluy plusieurs arbres qu'ils ont fait abbattre, au lieu des baliveaux marquez par les officiers de ladite maistrise.

Et reglemens generaux & particuliers de reformation pour ladite maistrise, du 7. septembre 1734. *contenant quatre-vingt-trois articles.*

Du 14. Septembre 1734.

* Arrest du Conseil, qui ordonne que dans les estats au vray du produit des amendes des eaux & forests, qui seront arrestez au Conseil pour les années 1716. & suivantes, jusques & compris 1733. il sera fait fonds des espices des comptes qui seront rendus sur lesdits estats par les receveurs generaux des domaines & bois, aux chambres des Comptes, à raison du trois centieme denier & vingtieme en sus de la recette portée par lesdits estats; qu'à l'égard des façons & reliages desdits comptes, & des vacations des procureurs, les droits en seront employez avec lesdites espices, par estimation, suivant que lesdits comptes seront plus ou moins

longs ; & que pour le recouvrement de chacun desdits estats au vray, il sera passé la somme de vingt livres seulement.

Du 16. Septembre 1734.

* Départemens de M.rs les fermiers generaux pour le service des fermes royales-unies, pendant la troisieme année du bail de M.e Nicolas Desboves.

FIN.

www.ingramcontent.com/pod-product-compliance
Ingram Content Group UK Ltd.
Pitfield, Milton Keynes, MK11 3LW, UK
UKHW020606180726
13838UKWH00001B/448

9 782329 270159